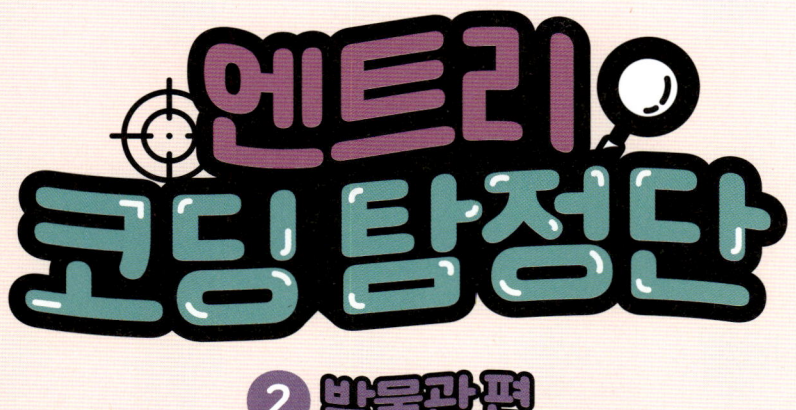

② 박물관 편

엔트리 코딩 탐정단 2 박물관 편

초판인쇄 2021년 7월 27일
초판발행 2021년 8월 3일

지은이 | 박정호, 문찬규, 임우열, 강태준
펴낸이 | 김승기
펴낸곳 | ㈜생능출판사 / **주소** | 경기도 파주시 광인사길 143
출판사 등록일 | 2005년 1월 21일 / **신고번호** 제406-2005-000002호
대표전화 | (031) 955-0761 / **팩스** (031) 955-0768
홈페이지 | www.booksr.co.kr

책임편집 | 유제훈 / **편집** 신성민, 양동글, 권소정 / **디자인** 디자인86
마케팅 | 최복락, 심수경, 차종필, 백수정, 최태웅, 명하나, 김범용
인쇄 | 성광인쇄(주) / **제본** | 일진제책사

ISBN 978-89-7050-498-8 77000
값 15,000원

- 이 책의 저작권은 (주)생능출판사와 지은이에게 있습니다. 무단 복제 및 전재를 금합니다.
- 잘못된 책은 구입한 서점에서 교환해 드립니다.

머리말

"컴퓨터는 놀랄 만큼 빠르고 정확하지만, 대단히 멍청하다."

이 말은 전 세계에서 가장 유명한 물리학자 중 한 명인 알베르트 아인슈타인이 한 말이에요. 컴퓨터에 비해 사람은 놀랄 만큼 느리고 부정확하지만, 대단히 똑똑하답니다. 만약, 이 둘이 힘을 합치면 얼마나 큰 힘을 가지게 될까요? 아마도 우리가 상상할 수 없을 만큼 큰 힘을 가지게 될 것입니다.

내가 원하는 영상을 언제든 보여주고, 온갖 게임을 할 수 있고, 세상의 모든 지식을 검색할 수 있을 것 같은 스마트폰을 비롯한 컴퓨터를 사람들은 만능 기계라고 생각할 수도 있어요. 하지만 사실 컴퓨터는 사람이 시킨 일 이외에는 아무것도 할 수 없는 기계일 뿐이랍니다.

그럼 알파고처럼 사람을 이긴 인공지능은 뭐냐고요? 인공지능은 '대단히 멍청한' 컴퓨터가 '대단히 똑똑한' 사람처럼 일을 처리할 수 있도록 만든 것이지요. 높은 지능을 가진 사람의 장점과 엄청나게 빠른 속도로 일을 처리할 수 있는 컴퓨터의 장점을 합쳐놓은 것이라고 할 수 있어요. 그래서 앞으로 인공지능이 우리들의 일상생활 모습을 크게 바꿔놓을 것이라고 모두 예상하고 있어요.

어쨌든 컴퓨터라는 기계가 엄청난 능력을 가지고 있다는 것은 분명한 사실이에요. 그럼 이런 컴퓨터를 자유자재로 활용할 수 있다면 어떨까요? 마치 마법사가 된 것처럼 내가 상상했던 일을 모두 이룰 수 있을지 몰라요. 자율주행차나 스마트홈처럼 미래 사회에서는 우리 생활 곳곳에서 컴퓨터 프로그램이 사용될 것이니 컴퓨터 프로그램을 잘할 수 있다는 것은 엄청난 힘을 가질 수 있다는 것과 같은 뜻이 될 수 있을 거예요.

엔트리란?

　우리는 다른 사람과 소통하기 위해 언어를 사용하듯 컴퓨터와 소통하고 원하는 대로 컴퓨터를 활용하기 위해서도 언어가 필요해요. 이런 언어를 프로그래밍 언어라고 하지요. 하지만 일반적인 프로그래밍 언어는 여러분들에게 무척 어렵게 느껴질 수 있어요. 그래서 누구든 쉽게 컴퓨터 프로그래밍 언어를 사용할 수 있도록 만든 것이 바로 '교육용 프로그래밍 언어'랍니다. 세종대왕이 한글을 창제하여 많은 백성이 글을 깨우쳤듯 교육용 프로그래밍 언어를 통해 우리 학생들도 컴퓨터와 쉽게 소통하고 원하는 대로 컴퓨터를 다룰 수 있게 될 것입니다.

　'엔트리(entry)'는 우리나라에서 가장 많이 사용되고 있는 교육용 프로그래밍 언어 중 하나랍니다. 컴퓨터 프로그램을 만들기 위한 명령어들이 블록 형태로 구성되어 있고, 그중 내가 원하는 블록들을 차례로 연결하면 그에 따라 프로그램이 실행되지요. 몇 번의 마우스 드래그로 프로그램 하나를 쉽게 만들 수 있는 것이죠. 엔트리에 있는 명령들은 간단해 보일 수 있지만, 이 명령어들을 어떻게 조합하는가에 따라 무궁무진한 컴퓨터 프로그램을 만들 수도 있어요.

　그리고 여러분이 만든 프로그램이 우리 생활에 도움을 주거나 엄청난 변화를 만들어 낼 수도 있답니다. 지금은 전 세계적으로 널리 사용되고 있는 페이스북도 사실 미국의 한 대학교 기숙사에서 사용하기 위한 프로그램으로 만들어졌으니까요.

　여러분도 페이스북을 만든 마크 저커버그나 애플의 창업자 스티브 잡스가 될 수 있는 충분한 잠재력을 가지고 있으니까요.

이 책의 주요 내용

　로봇연구소 화재 사건이 잘 마무리되고, 얼마 뒤 타미, 정이, 준이는 국립박물관으로 체험학습을 가게 되었어요. 체험학습을 갈 때 어떤 옷을 입을지 고민하던 타미는 정이, 준이와 함께 엔트리 탐정 사무소를 찾아갑니다.

　그곳에서 아이들은 엔트리 탐정과 함께 의상추천 시스템을 만들며 즐거운 시간을 보냈어요. 드디어 체험학습을 가는 날, 아이들은 어떤 옷을 입게 될까요?

　타미, 정이, 준이는 박물관의 큐레이터 로봇의 안내에 따라 미션을 수행하며 즐거운 체험학습을 즐기고, 같은 시간 코드블랙은 인공지능 로봇의 프로그램을 변경하기 위해 운영체제의 개발자 모드에 접근하고 있었어요. 이후 코드블랙은 신소재관에서 인공지능 로봇을 완성하기 위해 필요한 에너지원인 운석을 가짜 운석과 바꿔치기합니다.

　운석이 사라졌다는 것을 알아낸 아이들은 엔트리 탐정에게 도움을 요청하지요. 엔트리 탐정의 도움으로 코드블랙을 쫓아 복도를 지나던 순간 갑자기 정전이 되고 정이의 목걸이가 사라지게 됩니다. 그리고 곧 건물까지 무너지려 하지요. 이 위기의 순간에 타미, 정이, 준이는 무너져가는 박물관에서 무사히 탈출할 수 있을까요?

　또다시 위험에 빠지는 타미, 정이, 준이! 어떻게 위기를 이겨낼지 궁금하지 않나요? 그럼 지금부터 여러분을 코딩 탐정단의 두 번째 이야기 박물관편의 세계로 초대합니다.

목차

❶ 설레는 현장학습   9
❷ 패션왕 타미   22
❸ 튜링 테스트   36
❹ 구구단에 숨은 도형   48
❺ 암호관을 탈출하라   66
❻ 사라진 운석의 비밀   89
❼ 함정에 빠진 아이들   102

코딩워크북

I. 배움 미션   119
1. 의상추천 시스템 만들기   120

II. 도전 미션   127
1. 곱셈구구로 도형 그리기   128
2. 암호해독 프로그램 만들기   134
3. 신소재 스캐너 프로그램 만들기   140
[메이커] 세그웨이 컨트롤러 만들기   146

Maker Space

세그웨이 컨트롤러 만들기를 코딩하기 위해서는 마이크로비트 단품이 필요합니다.
디바이스 마트(https://www.devicemart.co.kr) 사이트나 네이버 쇼핑에서 마이크로비트를 검색하여 단품만 구매하면 됩니다. 하지만 마이크로비트 없이도 코딩할 수 있도록 150쪽에 해결방법을 소개하였습니다.

등장인물

타미
호기심 많은 6학년 소년. 덜렁대는 성격이지만 용감하고 모든 일에 열정적이다. 로봇연구소 화재사건을 경험한 후 무슨 일이든 해결할 수 있을 것 같은 자신감에 가득 차 있다.

정이
로봇연구원인 아빠의 영향으로 로봇이나 인공지능 분야에 관심이 많다. 코드블랙의 위협을 받고 있지만, 그 사실을 알지 못한다.

준이
맛있는 음식을 사랑하는 평범한 소년.
뭔가를 먹고 있는 순간에 특별한 능력이 솟아난다.

김 박사
정이의 아빠. 로봇연구소에서 연구책임자로 일한다. 연구소 운영체제를 훔쳐간 코드블랙을 쫓고 있다.

코드블랙
한때 촉망받던 로봇연구원이었지만 세상을 지배하려는 야욕으로 로봇연구소의 핵심 기술을 훔친다. 인공지능 로봇을 완성하기 위해 수단과 방법을 가리지 않는다.

엔트리 탐정
코딩으로 사건을 해결하는 스마트 탐정. 타미와 친구들의 스승이다. 코드블랙의 행방을 쫓고 있다.

AID
탐정 사무소의 인공지능 탐정 로봇. Artificial Intelligence Detective(AID)의 약자로 타미와 정이, 준이가 코딩 미션을 해결하는 데 도움을 준다.

선생님
타미, 정이, 준이의 담임 선생님.

큐레이터 로봇
국립박물관을 안내하는 인공지능 로봇. 방문객들의 관람을 돕고, 박물관의 게임 미션 수행에 활용되고 있다.

박물관에서 게임을 한다고?

박물관에서 게임이라니! 어떤 건지 궁금해요.

미래형 박물관에서는 관람객들과 소통하기 위해 다양한 게임을 도입하고 있어요. 기존 콘텐츠에 게임 요소를 적용해서 관람객이 전시물과 공간에 몰입할 수 있는 환경을 제공하는 거죠.

그래도 박물관은 너무 지루해요. 맛있는 것도 없잖아요.

맛있는 음식은 없지만 미션을 수행하면 보상도 받을 수 있어요. 게임에 몰입하다 보면 전시물 관람에 집중하고 있는 자신을 발견할 수 있답니다. 관람객이 주도적으로 박물관을 즐길 수 있도록 하는 게 게이미피케이션(Gamification) 박물관의 특징이죠.

우리나라에도 그런 박물관이 있었다니. 다 가보고 싶어요.

국내뿐 아니라 외국에도 게임 요소를 프로그램에 적용한 게이미피케이션(Gamification) 박물관이 운영 중이랍니다. 함께 살펴볼까요?

넥슨 컴퓨터 박물관 < NCM.exe 어드벤처 가이드 >

층마다 숨어 있는 키보드 조각을 찾아, 키보드 색깔별로 빈칸을 채워 문장을 완성하는 미션이 준비되어 있습니다. 게임을 통해 컴퓨터 역사와 관련된 지식을 쉽고 재미있게 습득할 수 있어요.

국립대구과학관 < 스마트워치 프로그램 >

박물관 내의 전시물에 비컨(근거리 무선통신 장치)이 설치되어 스마트워치가 접근하면 퀴즈를 제시합니다. 팀별 활동으로 진행되며 미션을 완료하면 수료증을 받을 수 있어요.

영국 브리스톨 박물관 < 히든 뮤지엄 >

'전문가에게 물어봐', '주제 대결하기', '사진 속 작품 찾기' 세 종류의 프로그램이 있으며, 관람객이 주도적으로 박물관을 탐색하고 체험할 수 있어요.

패션왕 타미

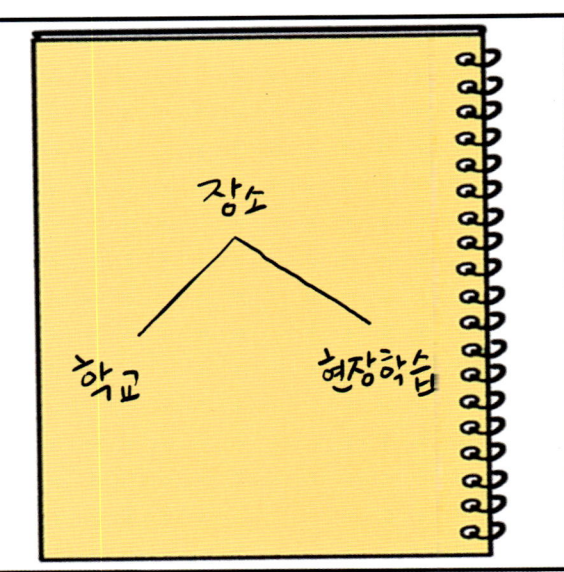

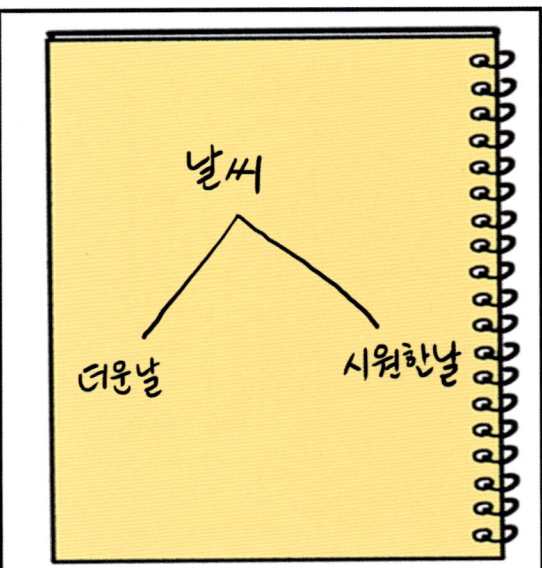

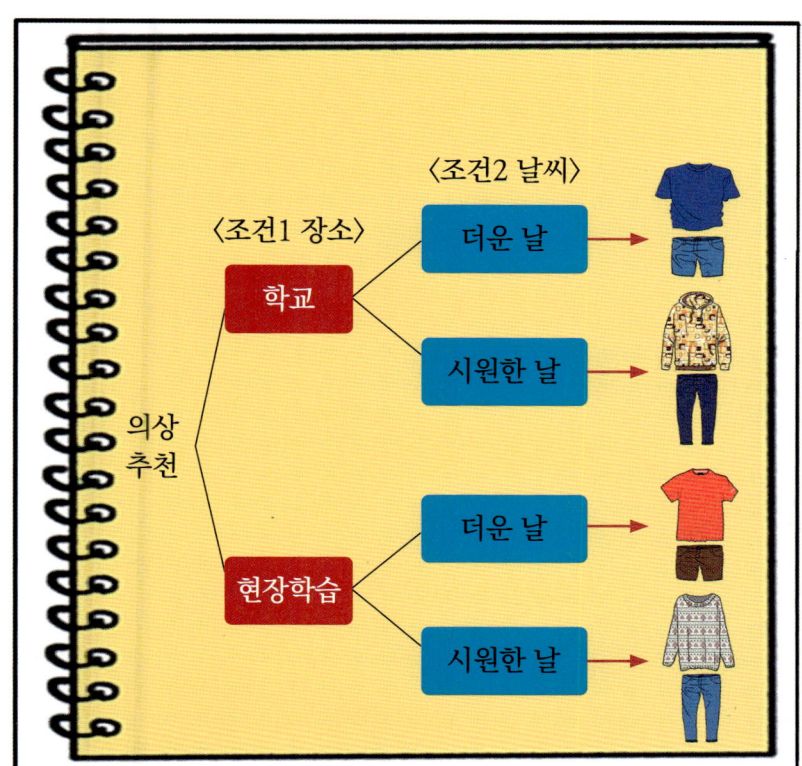

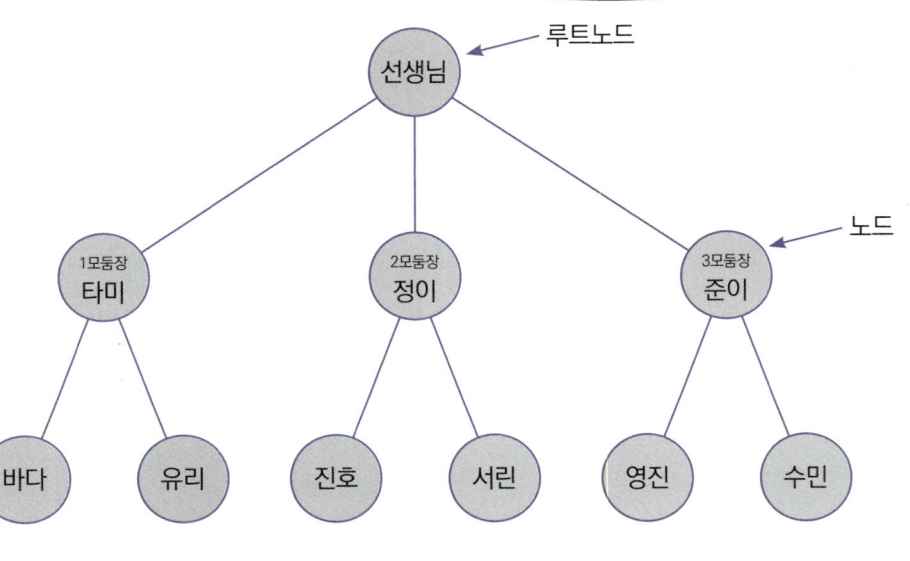

반갑습니다.
이번 프로그램의 알고리즘을 파악한 결과
조건별로 장면을 나눠서
코드를 작성하는 것을 추천합니다.

장면1에서는 장소에 따른
의상을 분류하고,

장면2에서는 날씨에 따라
의상을 분류합니다.

그리고 장면3에서는 최종 선택된
의상을 추천해줍니다.

의상추천 시스템 만들기

AID의 추천대로 3개의 장면으로 나누어 코딩해봅시다.

먼저 의상추천에 필요한 장소나 기온을 저장해둘 변수가 필요할 것 같아요.

그리고 '장소'나 '기온' 버튼을 눌렀을 때 변수에 해당하는 값을 저장하는 거예요.

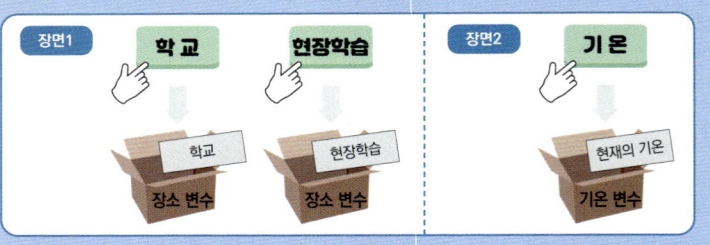

잠깐! 장면2에서 현재 기온을 알기 위해서는 확장 블록을 사용해야 하죠?

맞습니다. 그동안 정말로 실력이 많이 늘었군요.

이제 장면3을 만들어볼까요? '장소'와 '기온'에 따라 옷을 추천할 수 있어야겠죠.

'장소'와 '기온'이라… 조건이 2개라서 어떻게 해야 할지 모르겠어요.

걱정할 필요 없어요. 조건이 많을 땐 조건 블록을 여러 번 사용하면 됩니다.

- 경우1 실행하기 ← 조건1, 조건2 모두 참인 경우
- 경우2 실행하기 ← 조건1 참, 조건2 거짓인 경우
- 경우3 실행하기 ← 조건1 거짓, 조건2 참인 경우
- 경우4 실행하기 ← 조건1, 조건2 모두 거짓인 경우

우와! 3개의 [만일 참이라면, 아니면] 블록을 사용해서 4가지 경우를 모두 표현할 수 있네요.

이렇게 여러 조건 중에서 하나의 경우를 선택해 실행하는 것을 '다중 조건문'이라고 합니다.

 이제 장면3 의상 오브젝트에서 완성한 블록을 확인해 볼까요?

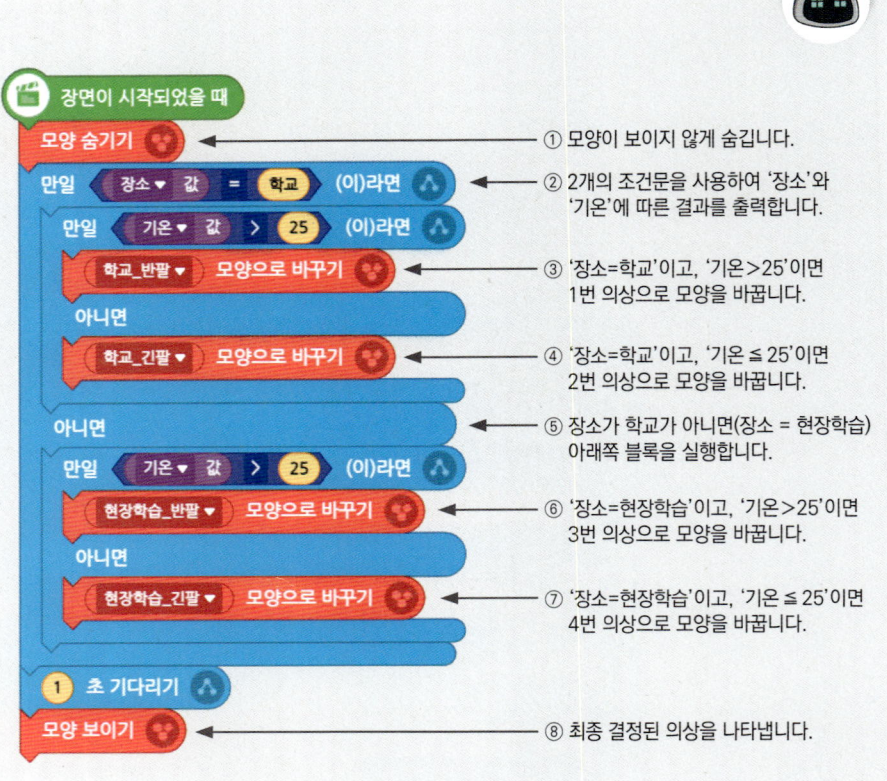

① 모양이 보이지 않게 숨깁니다.
② 2개의 조건문을 사용하여 '장소'와 '기온'에 따른 결과를 출력합니다.
③ '장소=학교'이고, '기온>25'이면 1번 의상으로 모양을 바꿉니다.
④ '장소=학교'이고, '기온≤25'이면 2번 의상으로 모양을 바꿉니다.
⑤ 장소가 학교가 아니면(장소 = 현장학습) 아래쪽 블록을 실행합니다.
⑥ '장소=현장학습'이고, '기온>25'이면 3번 의상으로 모양을 바꿉니다.
⑦ '장소=현장학습'이고, '기온≤25'이면 4번 의상으로 모양을 바꿉니다.
⑧ 최종 결정된 의상을 나타냅니다.

 야호~ 성공이다! 스마트거울, 내일 현장학습에 입고 갈 옷을 추천해줘.

완성 작품 (QR코드)

완성 작품 (웹주소)

http://m.site.naver.com/0CFZs

엔트리 코딩 학습(미션) 안내 : 120페이지를 확인하세요.

튜링 테스트

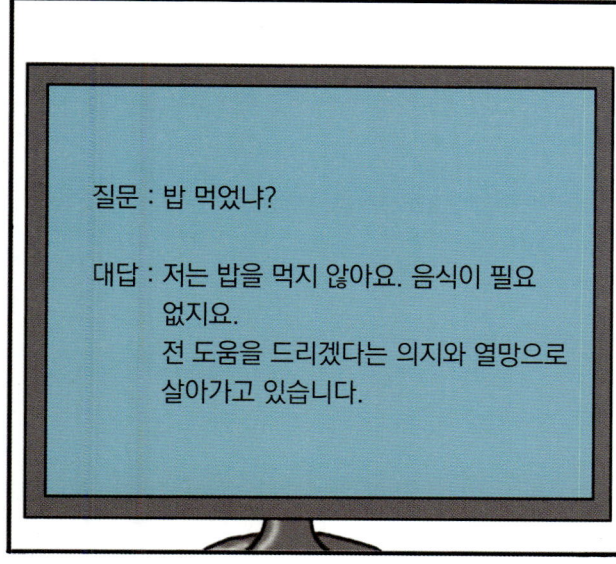

튜링 테스트

애들아, 너희 앨런 튜링이라는 사람 알고 있니?

응, 앨런 튜링은 컴퓨터 과학의 할아버지라고 불리는 사람이야.

왜 그렇게 불리는 거야?

튜링은 1950년에 재미있는 실험을 했었는데 아마 그 실험을 통해 컴퓨터 과학의 할아버지라고 불리게 되었다고 해.

정말? 그게 무슨 실험인데?

지금부터 내가 설명해줄게.

기계도 생각할 수 있을까?

영국의 수학자이자 논리학자인 앨런 튜링은 1950년 〈계산 기계와 지능〉이라는 논문을 통해 '모방 게임(imitation game)'이라는 재미있는 실험을 제시했습니다. 일반적으로 튜링 테스트라고 불리는 이 실험은 기계가 사람과의 대화를 통해 지능을 가졌는지 판단하는 것으로 인공지능 연구의 시초가 되었습니다.

앨런 튜링이 제시한 모방 게임은 두 번의 실험으로 진행됩니다. 첫 번째 실험은 심사위원과 남자, 여자가 채팅으로 대화를 한 뒤 여자를 찾아내는 활동입니다. 남자, 여자는 서로 다른 공간에 있으며, 심사위원은 누가 어느 공간에 있는지 알지 못합니다. 이때 남자는 심사위원을 속이기 위해 여자인 척합니다.

두 번째 실험에서는 남자 대신 기계(컴퓨터)가 배치됩니다. 이번에는 컴퓨터가 여자인 것처럼 대화하고 심사위원은 누가 여자인지 판단해야 합니다.

만약 이 실험을 통해 심사위원의 30% 이상이 기계와 인간을 구분하지 못하면 그 기계(컴퓨터)는 지능을 가졌다고 판단합니다.

물론 튜링 테스트에 대한 논란도 있습니다. 철학자 존 설은 '중국어 방 논증'을 통해 튜링 테스트를 반박했습니다.

방 안에 중국어를 전혀 모르는 사람이 들어가 있고, 심사위원은 중국어로 질문합니다. 방 안의 사람은 중국어 자료를 활용해 대답할 수 있지만, 그가 대답했다는 것만으로 그 사람이 '중국어를 할 수 있다'고 판단할 수 없는 것입니다. 쉽게 말해 우리가 챗봇에 질문했을 때 그럴싸한 대답이 돌아오지만, 챗봇이 지능을 가졌다고 생각하지 않는 것과 비슷합니다.

하지만 이런 논란에도 불구하고 튜링 테스트는 오늘날까지 인공지능을 가늠하는 기준이 되고 있습니다. 1991년 이후 챗봇이 인간과 얼마나 비슷하게 대화하는지 평가하는 뢰브너 상(Loebner Prize)이 매년 개최되고 있으며, 컴퓨터 프로그램 '유진 구스트만'은 65년 만에 처음으로 튜링 테스트를 통과하기도 했습니다.

튜링 테스트로부터 시작된 인공지능 연구는 현재까지 진행 중입니다. 아직 사람처럼 종합적으로 판단하는 인공지능은 개발되지 않았으며 언제쯤 인간과 동일한 수준, 혹은 인간의 사고능력을 뛰어넘는 인공지능이 개발될지 알 수 없습니다. 하지만 분명한 점은 인공지능은 빠른 속도로 발전하고 있으며, 우리 생활 속에서도 쉽게 찾아볼 수 있다는 것입니다.

구구단에 숨은 도형

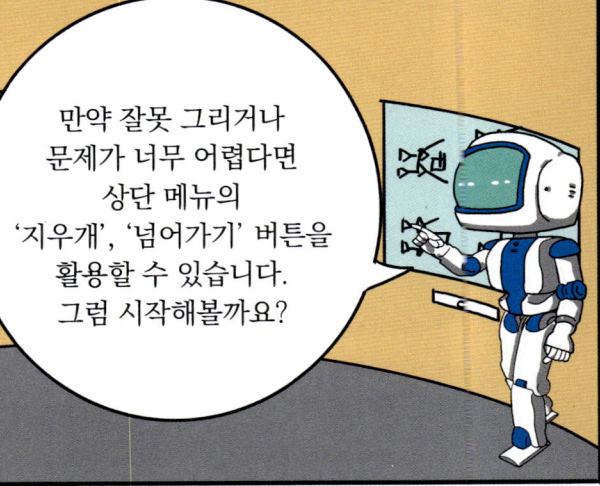
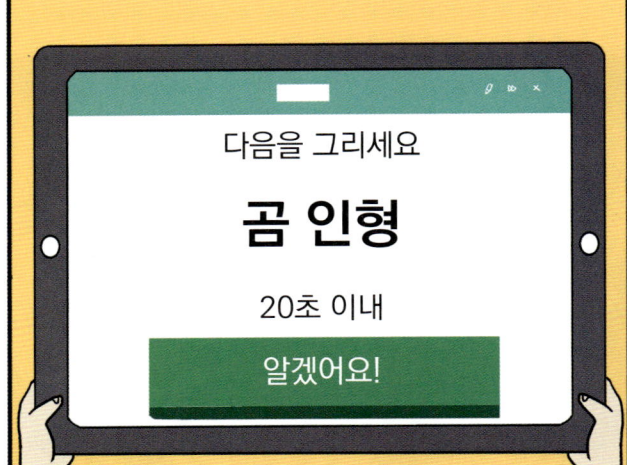

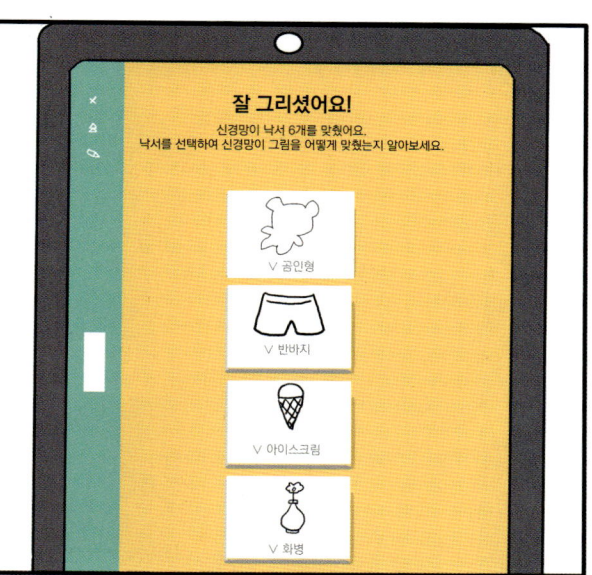

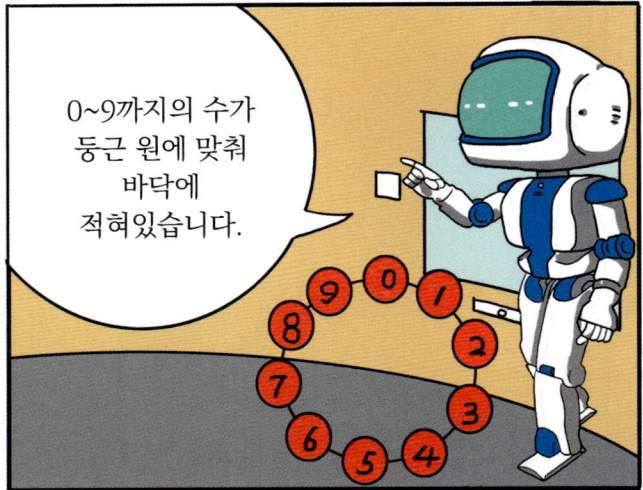

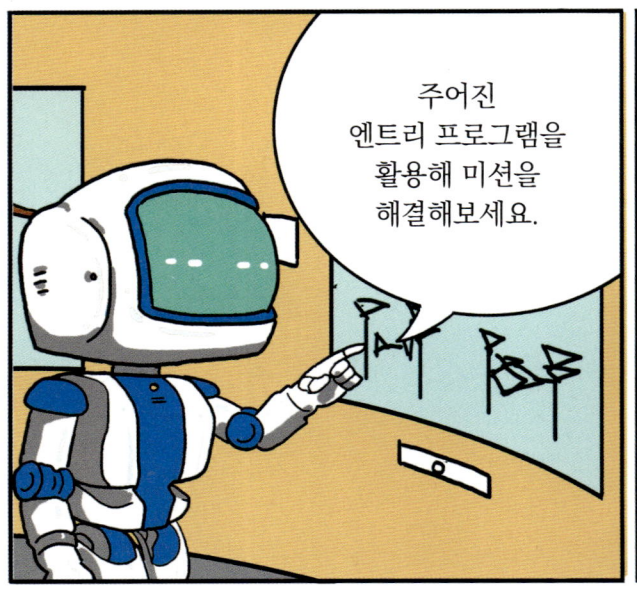

구구단 분석하기

단		곱하는 수		곱셈 값
2	×	1	=	2
2	×	2	=	4
2	×	3	=	6
2	×	4	=	8
2	×	5	=	10
2	×	6	=	12
2	×	7	=	14
2	×	8	=	16
2	×	9	=	18
변화 없음		1씩 증가함		

곱하는 과정을 9번 반복함
단, 반복할 때마다 곱하는 수가 1씩 증가함

미션을 해결하기 위해선 먼저 곱셈구구 프로그램을 제작해야 합니다.

곱셈구구를 계산할 수 있게 프로그램을 만들어야겠구나.

그런 다음 곱셈 값을 활용해서 도형을 그려야 합니다.

곱셈 값? 그게 0~9까지 숫자들과 무슨 관계가 있지?

곱셈구구로 도형 그리기

이제 곱셈구구 코딩을 진행해봅시다.

먼저 곱하는 수와 곱셈 값 변수를 만들자.

곱하는 수는 곱셈하는 동안 1만큼씩 증가시켜야 해.
그리고 곱셈 값에 계산한 결과를 넣는 거야.

그럼 구구단 2단은 이렇게 코드를 만들면 되겠어.

AID, 코드를 실행시켜줘!

반복 횟수	1회	2회	3회	4회	5회	6회	7회	8회	9회
곱하는 수	0	1	2	3	4	5	6	7	8
곱셈 값	0	2	4	6	8	10	12	14	16

어라? 분명히 9번 반복했는데 2×9는 왜 실행되지 않는 거야?

 변수 '곱하는 수' 초깃값이 '0'이기 때문입니다. 즉, 처음 코드가 실행될 때 2×0을 계산하게 됩니다.

그렇다면 블록 순서만 바꿔볼까? '곱하는 수' 변수의 초깃값이 0이라고 했으니까 먼저 1만큼 더한 뒤에 계산하면 될 거야.

대단하군요. 다시 실행해보겠습니다.

반복 횟수	1회	2회	3회	4회	5회	6회	7회	8회	9회
곱하는 수	1	2	3	4	5	6	7	8	9
곱셈 값	2	4	6	8	10	12	14	16	18

우와, 성공이다! 이렇게 간단한 코딩으로 곱셈을 할 수 있다니! 정말 신기해.

곱셈구구로 도형 그리기

'나머지'라는 단서가 있으니 함께 고민해보자.
나머지는 나눗셈과 관련이 있잖아. 나머지는 어떤 수를 몫으로 나누고 남은 숫자지. 일의 자릿수와 나머지라….

좋은 방법이 떠올랐어! 곱셈 결과를 10으로 나누는 거야!
그렇게 되면 나머지는….

일의 자릿수만 남게 돼!

곱셈 결과를 10으로 나누기				몫		나머지
2	÷	10	=	0	…	2
4	÷	10	=	0	…	4
6	÷	10	=	0	…	6
8	÷	10	=	0	…	8
10	÷	10	=	1	…	0
12	÷	10	=	1	…	2
14	÷	10	=	1	…	4
16	÷	10	=	1	…	6
18	÷	10	=	1	…	8

맞아! 어서 코딩해보자, 먼저 일의 자릿수 변수를 만들어야겠네.

'계산' 블록 꾸러미에서 다음 블록을 찾아서 활용하세요.
몫을 나머지로 바꾸어 사용할 수 있습니다.

그럼 이렇게 블록을 조립해서 기존의 블록과 합쳐보자.

 '일의 자릿수' 변수를 추가하여 '곱셈 결과' 값을 10으로 나눈 나머지를 저장합니다.

`일의 자릿수▼ 를 (곱셈 값▼ 값) / 10 의 나머지▼ (으)로 정하기`

도형을 완성하기 위해 계산 과정을 〈10번 반복하기〉를 해보세요.

역시 AID는 센스쟁이야!

 코드를 완성했습니다. 이제 `이동▼ 신호 보내고 기다리기` 코드를 추가하면 계산 결과에 따라 그림을 그릴 수 있습니다.

① 몇 단을 구구셈 할지 묻고 대답을 기다립니다.
② 아래 코드를 10번 반복합니다.
③ '곱하는 수'의 값에 1만큼 더합니다.
④ '곱셈 값'을 (대답)×(곱하는 수)로 정합니다.
⑤ 일의 자릿수만 남기기 위해 (곱셈 값)÷10의 나머지를 일의 자릿수로 정합니다.
⑥ 이동 신호를 보내고 기다립니다.

완성 작품 (QR코드)

완성 작품 (웹주소)

http://m.site.naver.com/0CFXP

엔트리 코딩 학습(미션) 안내 : 128페이지를 확인하세요.

암호관을 탈출하라

애너그램

애너그램(Anagram)은 어떤 단어의 문자를 새롭게 배열하여 전혀 다른 뜻을 가진 단어로 바꾸는 것입니다. 고대 유대인들이 히브리어로 자주 만들어 사용했으며, 프랑스 궁정에서는 '왕을 위한 애너그램을 하는 사람'을 고용하기도 했답니다.

동양에도 이와 비슷한 '파자(破字)'가 있습니다. 한자의 획과 구성요소를 쪼개거나 합쳐서 만드는 것으로, 왕(王)에 뿔을 달고 꼬리를 붙이니 양(羊)이 됐다든가 하는 식입니다. 기묘사화의 결정적 계기가 되었다는 설인 "주초위왕(走肖爲王)" 구문 역시 파자로 해석한 것이라고 합니다.

정말 신기해. 어떻게 이런 생각을 했을까?

근데 나도 게임에서 비슷한 걸 본 것 같기도 해.

맞아! 애너그램을 활용한 영화도 있지 않아?

맞습니다. 게임이나 영화에 숨어있는 애너그램을 함께 살펴볼까요?

▶ 게임 〈리그 오브 레전드〉 캐릭터로 만든 애너그램	▶ 영화 〈다빈치 코드〉에 나오는 애너그램
· 마오카이(Maokai) = 나는 떡갈나무다(I am oak)	· O, draconian devil! = Leonardo da Vinci
· 티모(Teemo) = 감정을 꾸미다(Emote)	· Oh, lame saint! = The Mona Lisa
· 내셔 남작(Nashor) = 로샨(Roshan)	· So dark the con of man = Madonna of the Rocks
· 샤코(Shaco) = 혼돈(Chaos)	
· 렝가(Rengar) = 기습 공격대(Ranger)	
· 헤카림(Hecarim) = 키메라(Chimera)	

시저 암호는 로마의 장군인 시저가 키케로나 친지들에게 은밀한 편지를 보낼 때 사용한 암호문입니다.

〈시저 암호의 평문 문자와 암호 문자의 관계를 나타내는 암호화 표〉

평문 문자	A B C D E F G H I J K L M N O P Q R S T U V W X Y Z
암호 문자	D E F G H I J K L M N O P Q R S T U V W X Y Z A B C

암호해독 프로그램 만들기

엔트리 코드를 불러왔습니다.

보기만 해도 머리가 아파. 과연 우리가 할 수 있을까? 엔트리 탐정님! 도와주세요!

얘들아, 코드의 알고리즘을 생각해봐. 예를 들어 사람들은 2칸씩 띄어 읽는다고 하면 대부분 이렇게 암호를 찾을 거야.

글자 위치	1	2	3	4	5	6	7	8	9	10	11	12	13	14	15	16	17
제시된 글자	바	가	엄	시	나	지	와	워	손	타	투	가	토	키	락	미	지

하지만 컴퓨터에서 코딩할 때는 암호를 한 번에 한 글자씩만 파악할 수 있어. 그래서 암호를 파악하는 과정을 문장의 마지막 글자까지 반복하도록 해야 한단다.

글자위치		1	2	3	4	5	6	7	8	…	암호해독결과
암호문		바	가	엄	시	나	지	와	워	…	
반복횟수	1회	2칸 이동 →	가								가
	2회		2칸 이동 →		시						가시
	3회				2칸 이동 →		지				가시지
	4회						2칸 이동 →		워		가시지워

(이하 생략)

 AID! 아이들이 코드를 완성할 수 있게 가져온 코드를 분석해 줘.

네, 알겠습니다. 분석 결과를 잘 살펴보세요.

- 몇 칸씩 띄어 읽을지 묻고 값을 저장합니다.
- 아래 과정을 조건이 맞을 때까지 반복합니다.
- 글자 위치를 지정한 숫자만큼 더하고, 현재 글자 위치값이 전체 글자 수보다 작다면 암호를 저장하고 글상자에 표시합니다.
- 위 조건이 거짓이면 반복을 중단합니다.

 우리가 입력한 값만큼 현재 글자의 위치를 바꿔야 하니까 대답 블록을 이렇게 조립하면 되겠어.

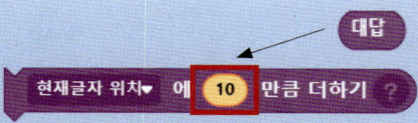

 그리고 좀 전에 프로그램을 실행하면 숫자 '10'만 출력됐었잖아. 암호값에 현재 위치의 글자를 저장해야 할 것 같은데…. 이걸 어떻게 코딩해야 할지 막막하네.

현재 위치의 글자값은 다음과 같이 코딩할 수 있습니다.

 왠지 이 코드를 '10'이 적힌 자리에 넣으면 될 것 같아.

이렇게 하면 반복하는 동안 암호 변수에 저장된 기존 글자와 새로 추가되는 글자를 계속 누적해서 저장할 수 있구나. 훌륭해!

〈2칸씩 띄어 읽기를 할 경우〉

반복	암호	=	기존글자	+	현재 위치의 글자
1회	가	=	(값 없음)	+	가
2회	가시	=	가	+	시
3회	가시지	=	가시	+	지
4회	가시지워	=	가시지	+	워

 잘하고 있구나. 이제 거의 코드가 완성된 것 같으니 확인해 보렴.

83

프로그램을 실행하겠습니다.

코딩한 블록

입력한 수 : 2
암호문 해독 : 가시지워

완성 작품 (QR코드)

완성 작품 (웹주소)

http://m.site.naver.com/0CFXu

엔트리 코딩 학습(미션) 안내 : 134페이지를 확인하세요.

사라진 운석의 비밀

아이들이 암호관에 갇혀 있던 그 시간.

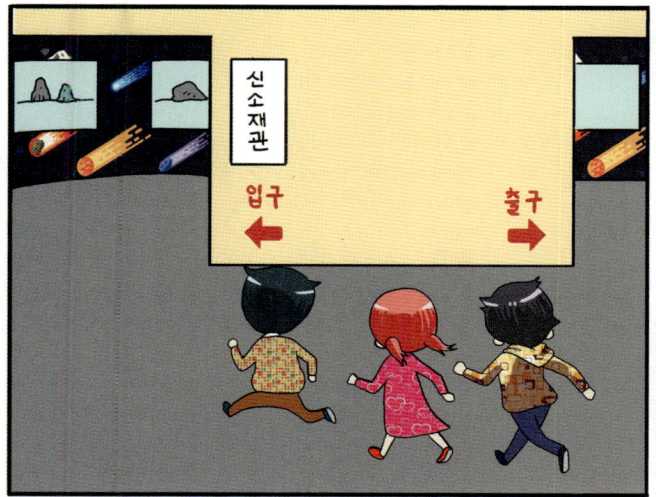

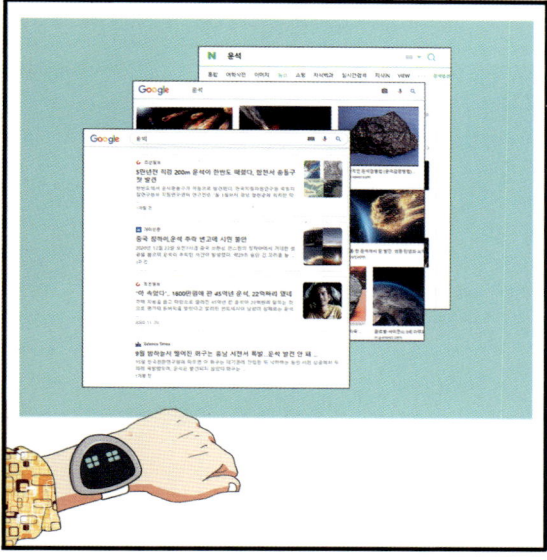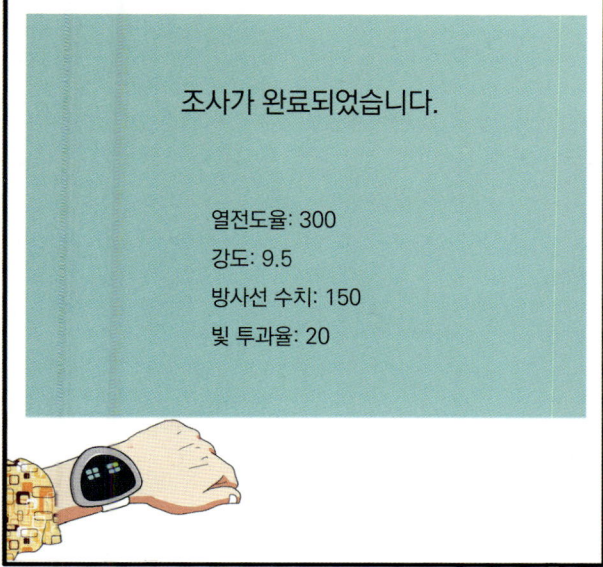

신소재 스캐너 프로그램 만들기

AID! 5초 동안 가열해서 변화한 온도에 따라 물질의 종류를 판별하도록 코딩할 수 있을까?

가능합니다. 가열 후 온도에 따라 물질의 종류를 판별하도록 조건 블록을 활용하면 됩니다.

운석 말고 다른 물질도 가능할까? 신소재관에 있는 모든 것들을 확인해봐야 할 것 같아.

조건 블록을 여러 개 활용하면 가능합니다. 예시를 보여드리겠습니다.

〈조건 블록을 2개 사용했을 때〉

```
판독신호▼ 신호를 받았을 때
만일  판독온도▼ 값  =  10  (이)라면
    그래핀 입니다.  읽어주기
아니면
    만일  판독온도▼ 값  =  15  (이)라면
        운석 입니다.  읽어주기
    아니면
        분석 실패  읽어주기
```

↓

판독 온도가 10℃라면

- 참이면 → '그래핀입니다.' 읽어주기
- 아니면 → 판독 온도가 15℃라면
  - 참이면 → '운석입니다.' 읽어주기
  - 아니면 → '분석 실패' 읽어주기

아하! 이해했어. 내가 조건 블록 3개로 코딩해볼게.

① 판독 온도가 10℃라면
② '그래핀입니다.'를 읽어줌.
③ 판독 온도가 10℃가 아닌 경우 아래 명령들을 실행
④ 만일 판독 온도가 15℃라면
⑤ '운석입니다.'를 읽어줌.
⑥ 만일 판독 온도가 10℃, 15℃ 둘 다 아닐 경우 실행
⑦ 만일 판독 온도가 20℃라면
⑧ '알루미늄입니다.'를 읽어줌.
⑨ 만일 판독 온도가 10℃, 15℃, 20℃ 모두 다 아니라면
⑩ '분석 실패'를 읽어줌.

좋았어. 저렇게만 하면 스캐너를 여러 번 쓸 수 있겠다.

안 됩니다. 한 번 사용하면 다시 사용할 수 없습니다.

응? 다른 물질을 클릭하면 다시 작동하는 거 아니야?

아닙니다. 다시 사용하면 아래처럼 가열시간과 판독 온도가 변합니다.

| 가열시간 | 0 | | 가열시간 | 5 |
| 판독온도 | 0 | → | 판독온도 | 25 |

아하! 가열시간과 판독온도를 초기화시켜야 하는구나!

맞습니다. 이 블록들을 코드 아래에 추가하면 초기화할 수 있습니다.

저렇게 하면 물질을 판독하는 도중에 초기화될 텐데?

맞습니다! 판독이 완료될 때까지 기다리는 시간이 필요합니다. 기다리기 블록을 추가하면 됩니다.

그렇구나! 이제 신소재 스캐너를 완성해서 운석을 찾아보자!

스캔할 물질을 클릭해주십시오

완성 작품 (QR코드)

완성 작품 (웹주소)

http://m.site.naver.com/0CFVl

엔트리 코딩 학습(미션) 안내 : 140페이지를 확인하세요.

97

함정에 빠진 아이들

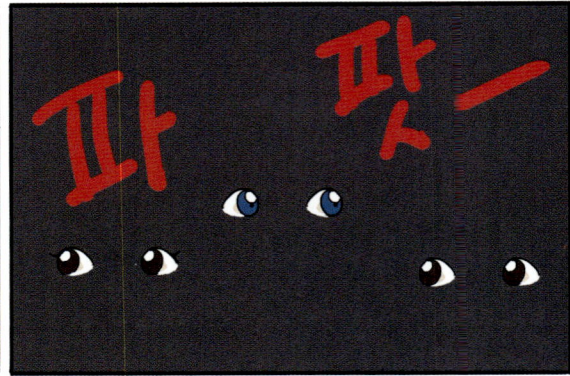

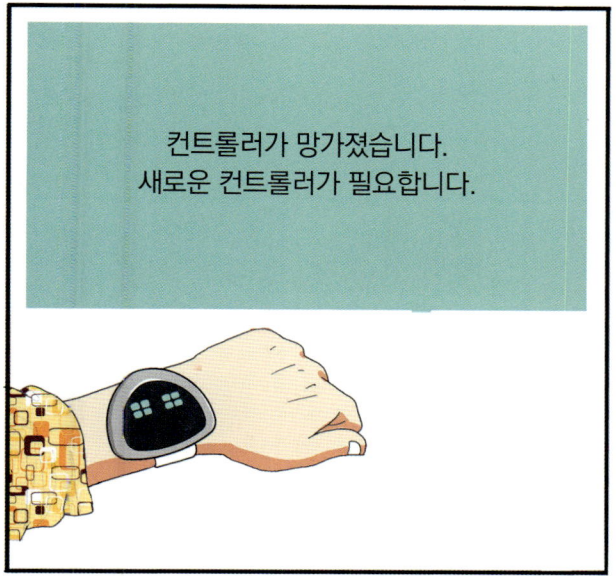

세그웨이 컨트롤러 만들기

코딩 안내

 탈출을 위해 세그웨이 컨트롤러를 코딩해보자.

마이크로비트를 연결합니다.

 내 예상대로라면 마이크로비트의 가속도 센서는 아래처럼 작동할 거야.

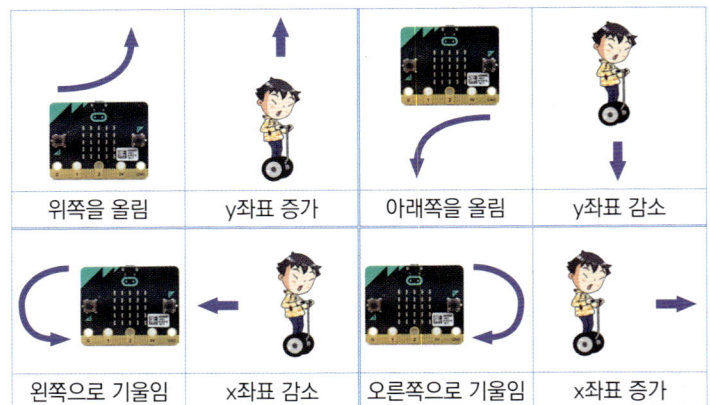

| 위쪽을 올림 | y좌표 증가 | 아래쪽을 올림 | y좌표 감소 |
| 왼쪽으로 기울임 | x좌표 감소 | 오른쪽으로 기울임 | x좌표 증가 |

사용에 필요한 블록은 다음과 같습니다.
`가속도 센서 x축▼ 의 값` 가속도 센서 x축의 값, 가속도 센서 y축의 값을
`가속도 센서 y축▼ 의 값` 데이터로 엔트리에 입력해주는 블록

 x좌표를 가속도 센서 x축 값만큼 움직이고,
y좌표를 가속도 센서 y축 값만큼 움직이면 되겠지?
`x 좌표를 가속도 센서 x축▼ 의 값 만큼 바꾸기`
`y 좌표를 가속도 센서 y축▼ 의 값 만큼 바꾸기`

그렇게 코딩할 경우 너무 빨리 움직여서 조종도 어렵고 위험합니다.
센서값의 100분의 1만큼 움직이도록 하는 것을 추천합니다.

그리고 낙하물을 대비한 보호막 코딩을 추천합니다.
마이크로비트의 A 버튼을 눌렀는지 판단하는 블록을 활용하세요.

A 버튼을 눌렀을 때 보호막이 작동되도록 할까?

만일 A 버튼을 눌렀다면?	아니면?
보호막 작동 상태	일반 상태

A 버튼을 누르면 보호막이 작동되고, 아니면 작동되지 않는구나.

세그웨이 배터리의 한계로 보호막은 3번까지만 작동 가능합니다.
유의하세요.

이제 만든 블록을 확인해 볼까요?

```
▶ 시작하기 버튼을 클릭했을 때
계속 반복하기  ①
    x 좌표를 ( 가속도 센서 x축▼ 의 값 ) / 100 만큼 바꾸기  ②
    y 좌표를 ( 가속도 센서 y축▼ 의 값 ) / 100 만큼 바꾸기  ③
```

① 아래 코드를 계속 반복합니다.
② x좌표를 가속도 센서 x축의 값 / 100 만큼 바꿉니다.
③ y좌표를 가속도 센서 y축의 값 / 100 만큼 바꿉니다.

```
▶ 시작하기 버튼을 클릭했을 때
계속 반복하기  ①
    만일 < A▼ 버튼을 눌렀는가? > (이)라면  ②
        보호막 작동▼ 모양으로 바꾸기  ③
    아니면
        세그웨이▼ 모양으로 바꾸기  ④
```

① 아래 코드를 계속 반복합니다.
② A 버튼을 누르면 위 코드를, 아니면 아래 코드를 실행합니다.
③ '보호막 작동' 모양으로 바꿉니다.
④ '세그웨이' 모양으로 바꿉니다.

완성 작품 (QR코드)

완성 작품 (웹주소)

http://m.site.naver.com/0CFZx

엔트리 코딩 학습(미션) 안내 : 146페이지를 확인하세요.

증강현실 (增強現實 / Augmented Reality)

너무 무서웠어. 다신 가상현실 같은 거 경험하고 싶지 않아.

그래도 무사히 나와서 다행이야. 그리고 준아, 우리가 경험한 건 증강현실이야.

가상현실이나 증강현실이나 똑같은 거 아니야?

가상현실은 컴퓨터 세계 속에 또 다른 현실을 구현한 거고, 증강현실은 현실 세계에 가상의 물체를 추가해서 보여주는 거야. SF 영화에서 소재로 많이 사용하지만, 현실에서도 흔히 볼 수 있는 게 증강현실이야. 정이네 집에 있는 구글 글라스 같은 AR 기기도 증강현실을 반영한 거고, 우리가 한참 빠져 있었던 포켓몬고도 증강현실 게임이야.

코딩워크북

I. 배움 미션

> **배움미션_01**
>
> ## 의상추천 시스템 만들기
>
> 장소와 기온이라는 조건에 맞는 의상을 추천해주는 프로그램으로 만들려고 합니다. 2가지 이상의 조건에 따라 서로 다른 결과를 출력하는 방법을 배워봅시다.

1 미션 이해하기

장면1에서는 장소를 선택하고, 장면2에서는 현재 기온을 파악합니다. 이를 바탕으로 장면3에서 장소와 기온에 맞는 의상을 추천해서 보여줍니다.

장면1	장면2	장면3
학교와 현장학습 중 하나를 선택합니다.	날씨 버튼을 클릭하면 현재의 기온을 알려줍니다.	장소와 기온에 맞는 의상을 추천해줍니다.

2 코딩 계획 세우기

의상추천 시스템을 만들기 위한 알고리즘을 확인해 보세요.

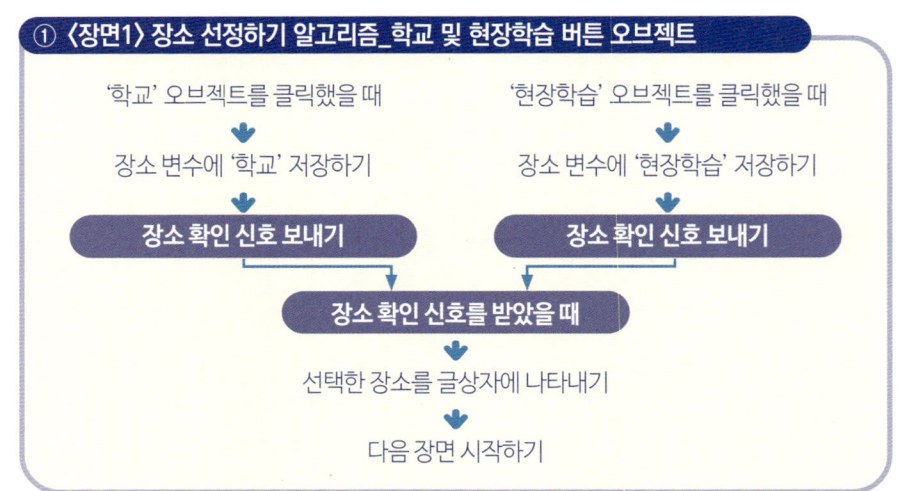

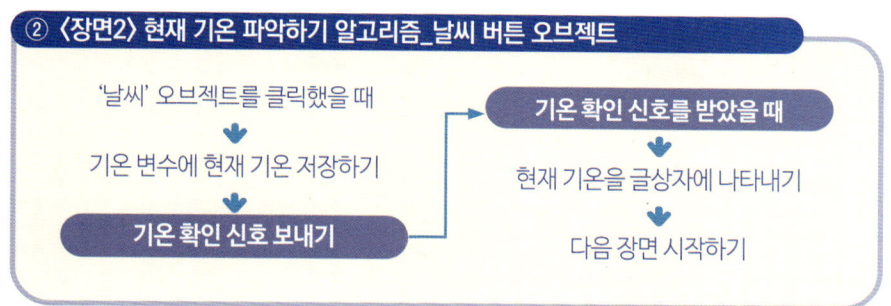

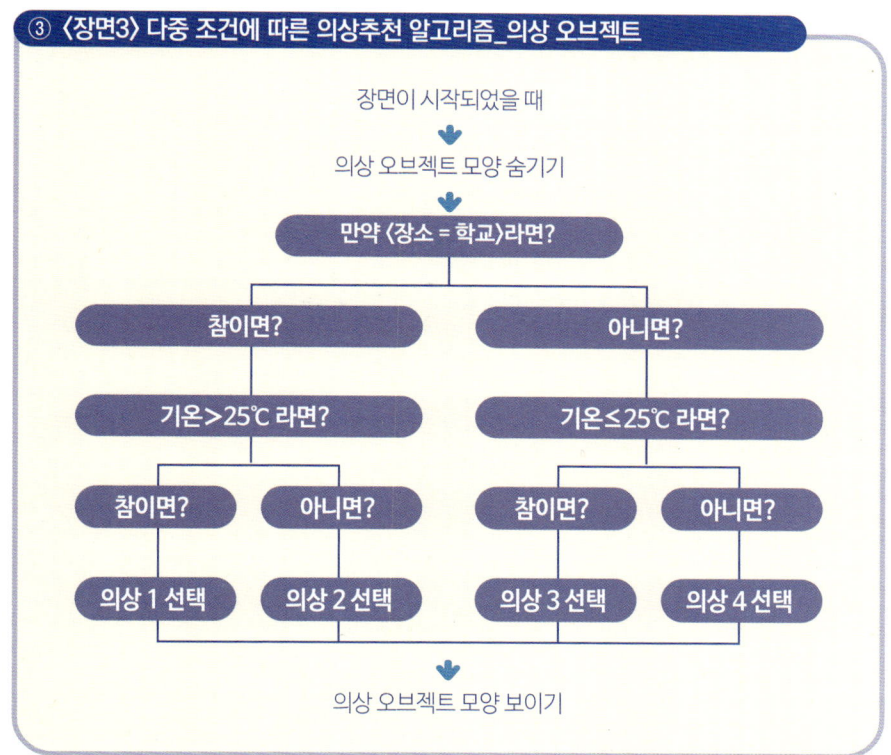

의상추천 시스템 프로그램은 다양한 오브젝트와 변수, 그리고 장면들로 구성되어 있습니다. 그러므로 각 알고리즘이 어느 장면에서 어떤 오브젝트에 적용되는지 잘 확인할 필요가 있습니다.

3 코딩하기

① 예제 파일 확인하기

먼저 엔트리의 스터디 공유하기에 있는 예제 파일을 확인하세요.

방법 01
스터디 공유하기에서 '의상추천 시스템'으로 검색하세요.

방법 02
익스플로러 또는 크롬의 주소창에 아래 주소를 입력하세요.

http://m.site.naver.com/0K15m

방법 03
스마트 기기에서 QR코드로 접속하세요.

② 코딩하기

변수 및 신호 만들기

속성 탭에서 변수와 신호를 만들 수 있습니다. '장소' 및 '기온' 변수, '날씨 확인' 및 '장소 확인' 신호를 각각 만듭니다.

확장 블록 불러오기

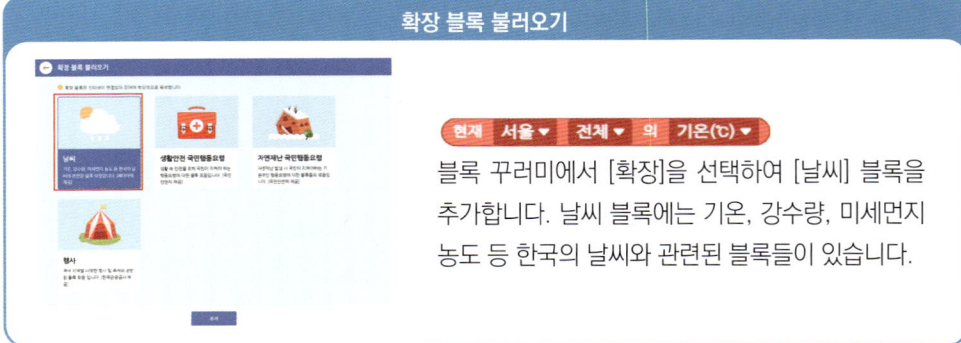

블록 꾸러미에서 [확장]을 선택하여 [날씨] 블록을 추가합니다. 날씨 블록에는 기온, 강수량, 미세먼지 농도 등 한국의 날씨와 관련된 블록들이 있습니다.

③ 코드 만들기

각 장면과 오브젝트마다 다음과 같이 코드를 만들어보세요.

구분	오브젝트	작성코드
장면1	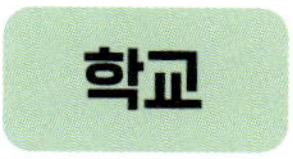 학교 버튼	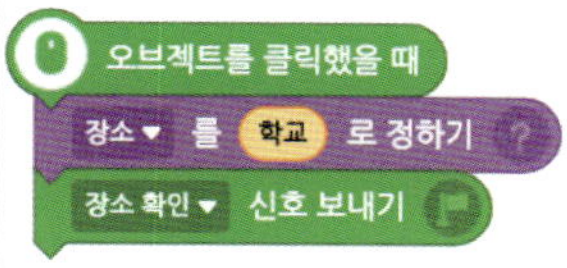 `오브젝트를 클릭했을 때` / `장소▼ 를 학교 로 정하기` / `장소 확인▼ 신호 보내기` 장소 변수에 '학교'를 저장한 뒤 '장소 확인' 신호를 보냅니다.
	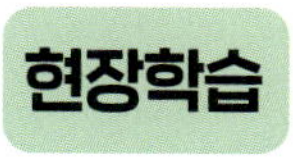 현장학습 버튼	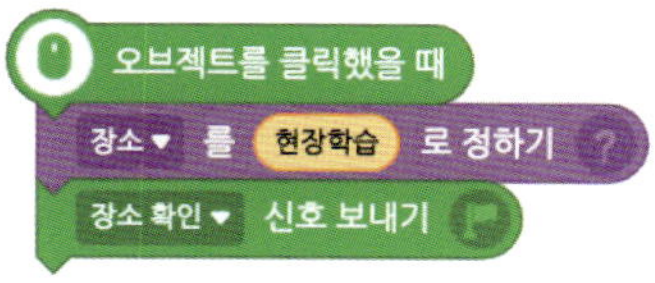 `오브젝트를 클릭했을 때` / `장소▼ 를 현장학습 로 정하기` / `장소 확인▼ 신호 보내기` 장소 변수에 '현장학습'을 저장한 뒤 '장소 확인' 신호를 보냅니다.
장면2	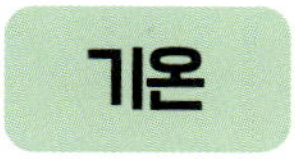 기온 버튼	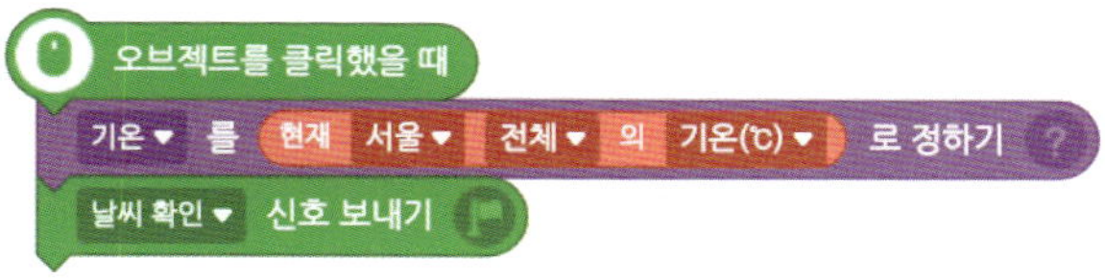 `오브젝트를 클릭했을 때` / `기온▼ 를 현재 서울▼ 전체▼ 의 기온(℃)▼ 로 정하기` / `날씨 확인▼ 신호 보내기` 기온 변수에 '기온' 값을 저장한 뒤 '날씨 확인' 신호를 보냅니다.

장면1과 장면2에서 '장소 확인', '날씨 확인' 신호를 보내면 글상자 오브젝트에서 신호를 받아 선택한 장소와 현재의 날씨를 표현합니다.

구분	오브젝트	작성코드
장면3	의상	 장소와 기온 변수에 저장된 값에 따라 서로 다른 의상을 나타냅니다.

4 실행하기

완성한 코드로 엔트리에서 실행되는 장면은 다음과 같습니다. 조건을 다양하게 입력하여 올바른 의상을 추천해주는지 확인해 보세요.

입력 조건	프로그램 실행결과
장소 = 학교 기온 > 25	등교용 반팔 의상 추천
장소 = 학교 기온 ≤ 25	등교용 긴팔 의상 추천
장소 = 현장학습 기온 > 25	현장학습용 반팔 의상 추천
장소 = 현장학습 기온 ≤ 25	현장학습용 긴팔 의상 추천

II. 도전 미션

도전미션_01

곱셈구구로 도형 그리기

곱셈구구를 활용하여 도형 그리기 프로그램을 만들어봅시다. 곱셈구구를 계산하여 결과를 구하고 결과를 활용하여 도형을 그리는 프로그램을 만들어야 합니다.

1 미션 이해하기

곱셈구구를 계산하는 프로그램을 만들고, 그 결과를 활용하여 0~9까지 놓여있는 숫자들을 이어 도형을 그려야 합니다.

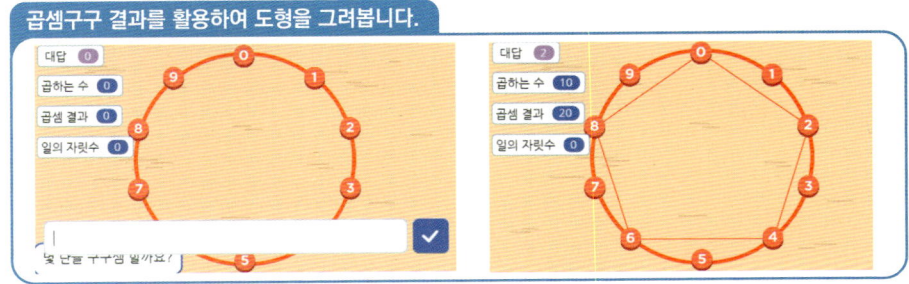

2 코딩 계획 세우기

곱셈구구를 계산하기 위한 알고리즘을 확인해 보세요.

① 곱셈구구 계산하기

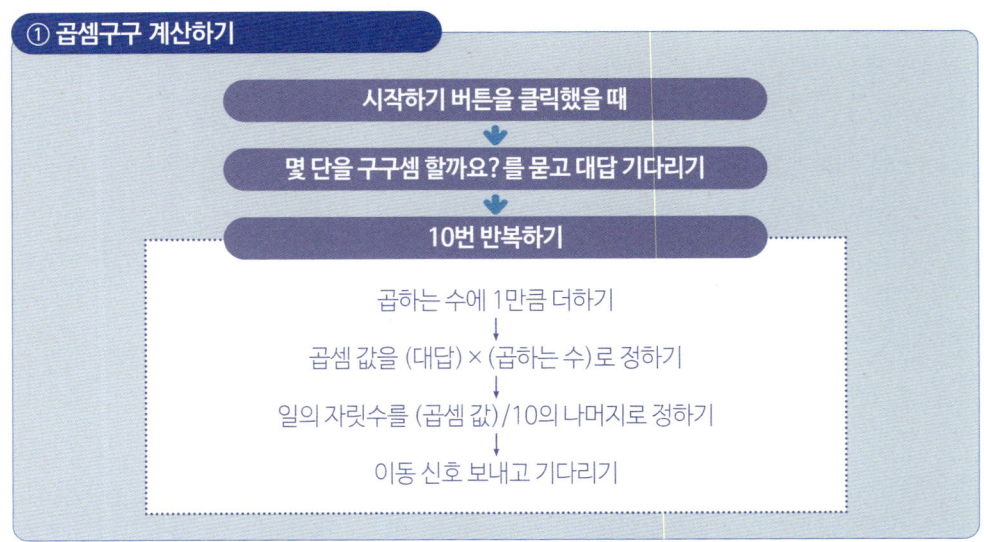

② 도형 그리기

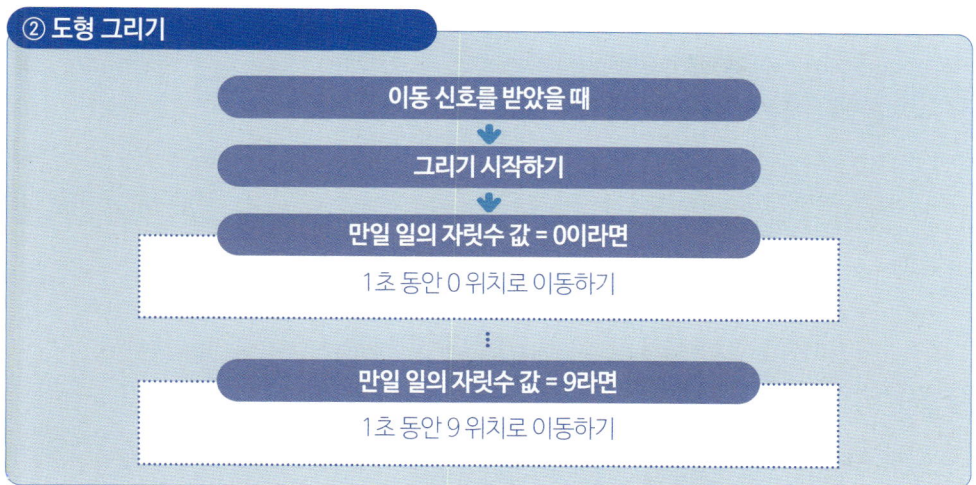

3 코딩하기

① 예제 파일 확인하기

방법 01
스터디 공유하기에서 '곱셈구구로 도형 그리기'로 검색하세요.

방법 02
익스플로러 또는 크롬의 주소창에 아래 주소를 입력하세요.

http://m.site.naver.com/0K15A

방법 03
스마트 기기에서 QR코드로 접속하세요.

② 코딩하기

변수 및 신호 만들기

속성 탭에서 변수와 신호를 만들 수 있습니다. '이동' 신호 및 '일의 자릿수', '곱하는 수', '곱셈 값' 변수를 각각 만듭니다.

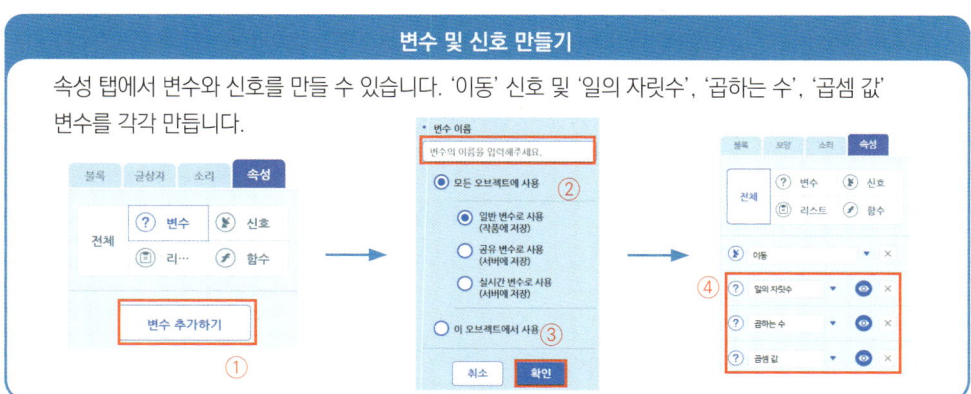

③ 코드 만들기

배경 오브젝트를 클릭하여 몇 단을 구구셈 할지 묻고 계산하는 프로그램을 만들고 나온 곱셈 값의 일의 자릿수만 남기는 코드를 만들어보세요.

오브젝트	작성코드
배경	이 코드에서는 곱셈구구를 하고 결과값이 일의 자릿수만 남기도록 코딩해야 합니다. [시작하기 버튼을 클릭했을 때] [몇 단을 구구셈 할까요? 을(를) 묻고 대답 기다리기] [① 번 반복하기] [곱하는 수▼ 에 ② 만큼 더하기] [곱셈 값▼ 를 ③ (으)로 정하기] [일의 자릿수▼ 를 ④ (으)로 정하기] [이동▼ 신호 보내고 기다리기] 만드는 순서는 다음과 같습니다. ① 구구셈을 하려면 아래의 코드를 총 9번 반복하면 됩니다. 하지만 도형이 완성되기 위해서는 10번 반복해야 합니다. ② 곱셈구구에서 곱하는 수는 매번 1만큼씩 증가합니다. ③ 곱셈 값은 (몇 단) × (곱하는 수)로 계산할 수 있습니다. [계산] [자료] 블록 꾸러미를 활용해보세요. 몇 단을 계산할지는 [몇 단을 구구셈 할까요? 을(를) 묻고 대답 기다리기]에서 [대답] 으로 정해두었습니다. ④ 곱셈 값에서 일의 자릿수를 남기려면 곱셈 값을 10으로 나눈 나머지를 구하면 됩니다. 마찬가지로 [계산] [자료] 블록 꾸러미를 활용해보세요.

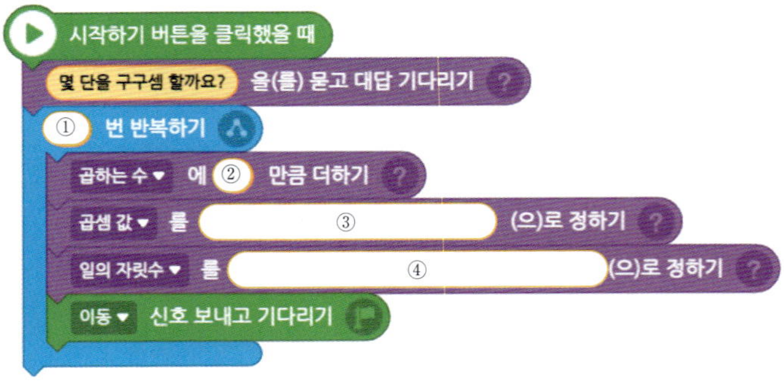

동그란 버튼 오브젝트를 클릭하여 이동 신호를 받았을 때 일의 자릿수 값을 판단하여 일의 자릿수 값과 같은 숫자 오브젝트 위치로 1초 동안 이동하는 코드를 만들어보세요 (숫자 범위는 0~9).

오브젝트	작성코드
동그란 버튼	이 코드에서는 동그란 버튼이 이동 신호에 따라 일의 자릿수에 해당하는 위치로 이동하도록 코딩해야 합니다. 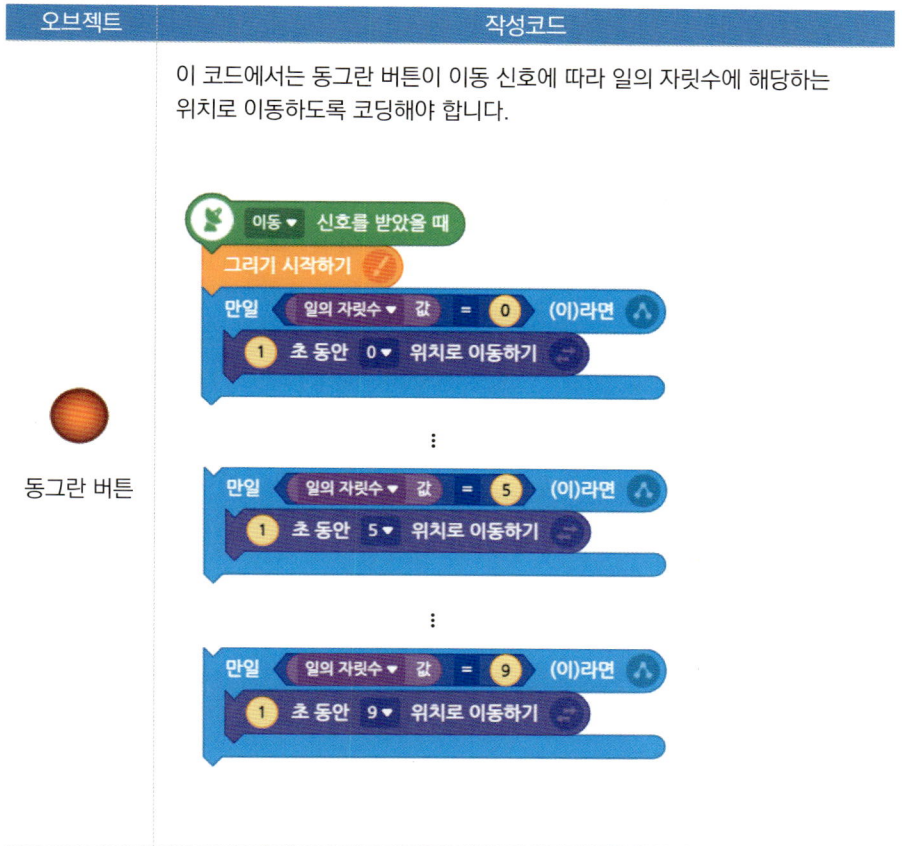

4 실행하기

완성한 코드로 엔트리에서 실행되는 장면은 다음과 같습니다. 2~9단까지 곱셈구구의 결과에 따라 나타나는 도형들을 살펴보세요.

입력 조건	프로그램 실행결과
1 또는 9	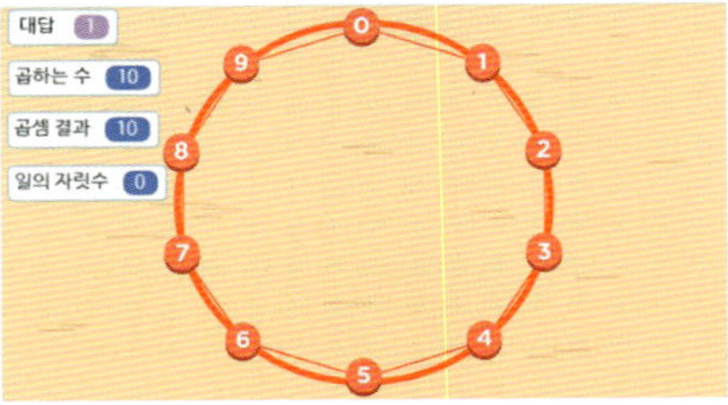 대답 1, 곱하는 수 10, 곱셈 결과 10, 일의 자릿수 0
2 또는 8	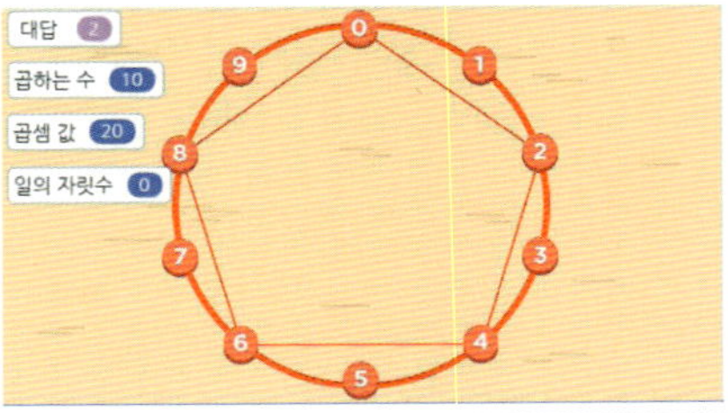 대답 2, 곱하는 수 10, 곱셈 값 20, 일의 자릿수 0
3 또는 7	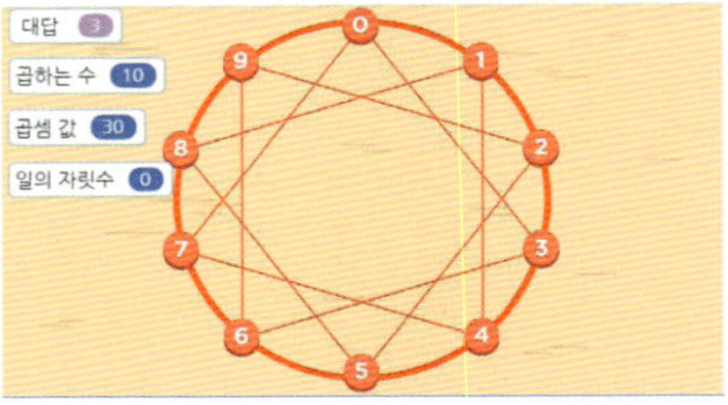 대답 3, 곱하는 수 10, 곱셈 값 30, 일의 자릿수 0
4 또는 6	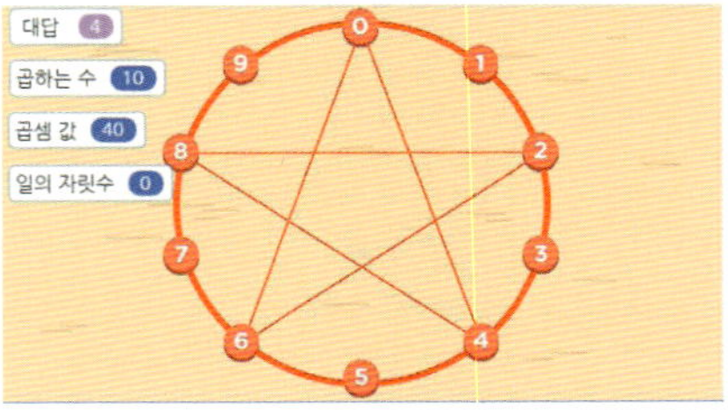 대답 4, 곱하는 수 10, 곱셈 값 40, 일의 자릿수 0
5	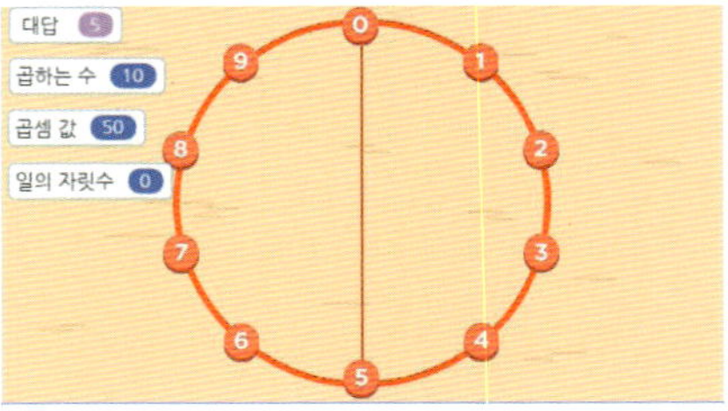 대답 5, 곱하는 수 10, 곱셈 값 50, 일의 자릿수 0

엔트리 탐정 Tip

1단과 9단, 2단과 8단, 3단과 7단, 4단과 6단은 서로 다른 단이지만 그려지는 도형은 같습니다. 유심히 관찰하면 일의 자릿수 순서가 다르기에 그려지는 방향이 반대인 것을 알 수 있습니다.

이럴 땐 이렇게!

Q '몇 단을 구구셈 할까요?'를 계속 물어봐요.
A 반복하기 블록 안에 묻고 대답 기다리기 블록이 들어가 있는지 확인합니다.

Q 실행하기처럼 도형이 완성되지 않아요!
A 곱셈구구는 총 9번 반복으로 계산이 끝나지만, 도형이 완성되기 위해서는 한 번 더 반복이 필요합니다(총 10번 반복).

Q 0과 9 위치밖에 이동하지 않아요.
A 동그란 버튼 오브젝트를 클릭하여 0과 9 사이의 1~8의 숫자들도 다음과 같은 블록을 만들어야 합니다. 노란색 칸에 들어가는 숫자도 다시 확인해주세요.

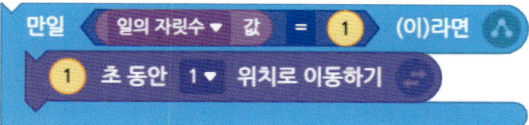

코딩워크북

> **도전미션_02**
> ### 암호해독 프로그램 만들기
> 힌트문장에 숨겨진 있는 암호를 해독할 수 있는 프로그램을 만들려고 합니다.
> 스키테일 암호 규칙을 이용하여 암호 해독 프로그램을 만들어봅시다.

1 미션 이해하기

장면1에서는 암호해독 프로그램을 만듭니다. 만약 숨겨진 암호 해독이 성공한다면 성공 장면으로 넘어가고, 실패한다면 실패 장면으로 넘어갑니다.

암호해독 장면	성공 장면	실패 장면
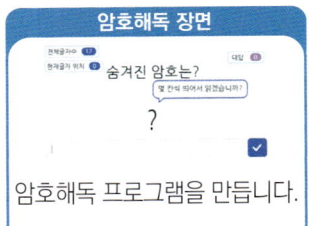		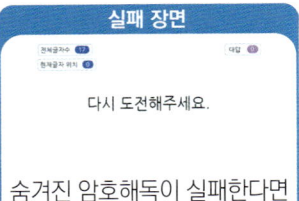
암호해독 프로그램을 만듭니다.	숨겨진 암호해독이 성공한다면 '성공' 장면으로 넘어갑니다.	숨겨진 암호해독이 실패한다면 '실패' 장면으로 넘어갑니다.

2 코딩 계획 세우기

암호해독 프로그램의 알고리즘을 확인해 보세요.

① 〈장면1〉 암호해독 프로그램 알고리즘

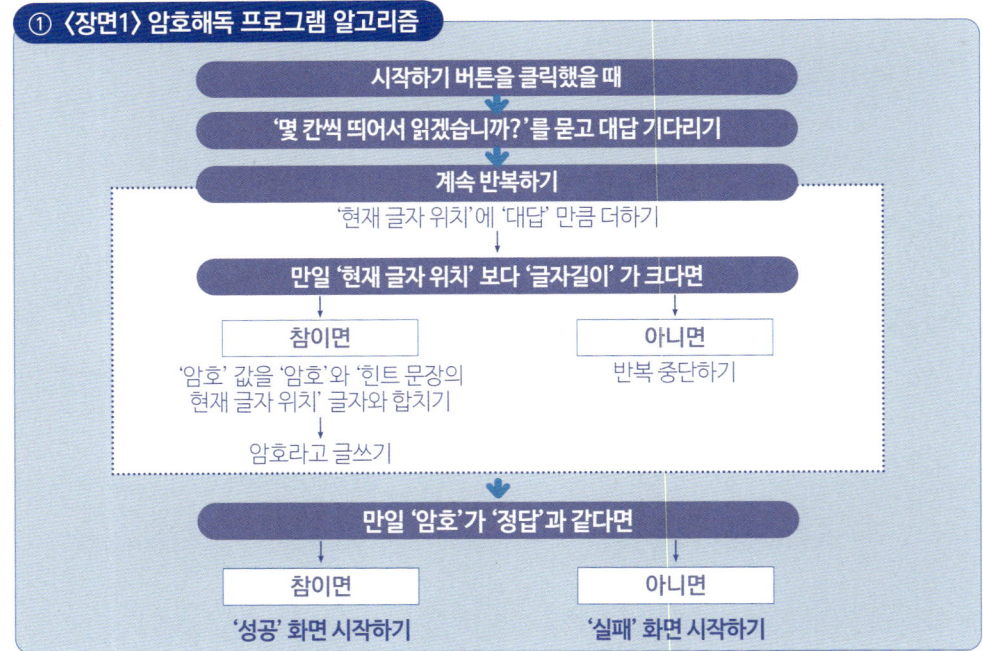

3 코딩하기

① 예제 파일 확인하기

방법 01
스터디 공유하기에서 '암호해독 프로그램'으로 검색하세요.

방법 02
익스플로러 또는 크롬의 주소창에 아래 주소를 입력하세요.

http://m.site.naver.com/0K15F

방법 03
스마트 기기에서 QR코드로 접속하세요.

② 코딩하기

각 오브젝트를 선택하여 오류 코드를 확인하세요.

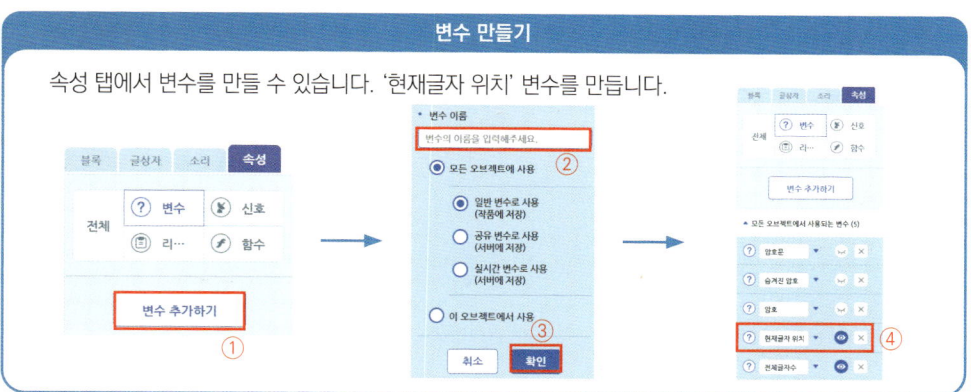

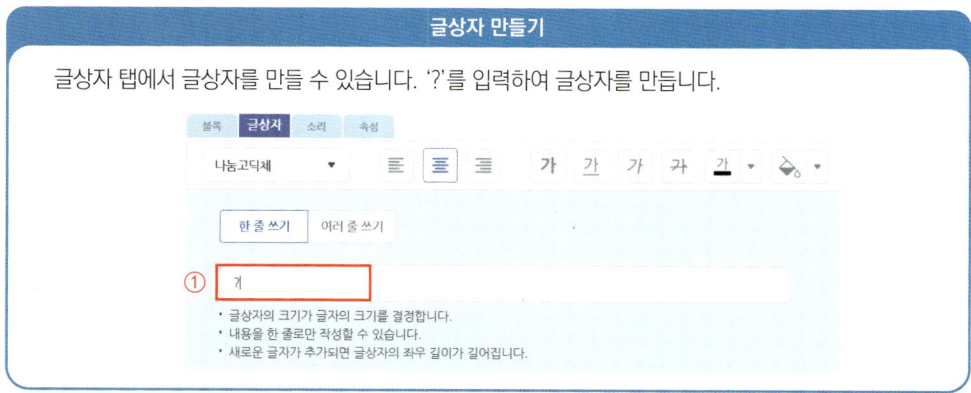

135

③ 코드 만들기

암호해독 장면에서 스키테일 암호를 해독할 수 있는 코드를 만들어보세요.

오브젝트	작성코드

스키테일 암호의 원리를 적용하여 입력한 숫자만큼 자릿수를 띄어 읽을 수 있는 코드를 만들어야 합니다. 기본으로 제시하는 코드는 다음과 같습니다. 빈칸을 채워서 코드를 완성해보세요.

만드는 순서는 다음과 같습니다.

① 대답으로 입력한 숫자만큼 띄어 읽기 위해서 빈칸 ① 칸에 알맞은 블록을 찾아서 넣습니다.

필요한 블록은 ? 자료 블록 꾸러미에서 찾을 수 있습니다.

② 빈칸 ② 에는 현재글자 위치가 힌트문장의 글자 수를 넘으면 반복을 중단할 수 있도록 현재글자 위치 ▼ 값 < 전체글자수 ▼ 값 블록을 넣어줍니다.

오브젝트	작성코드
? 글상자	③ 입력한 숫자만큼 띄어 읽은 글자들을 모아 읽기 위해 아래처럼 코딩하여 빈칸 ③ 에 넣어줍니다. ④ 힌트문장의 글자 수를 넘어갈 때 반복을 멈추게 하려면 빈칸 ④ 에 알맞은 블록을 찾아서 넣습니다. 필요한 블록은 [흐름] 블록 꾸러미에서 찾을 수 있습니다. ⑤ 다음으로 찾아낸 암호와 숨겨진 암호가 같은지 알아내기 위해 빈칸 ⑤ 에 다음과 같이 코딩하여 넣어줍니다. ⑥ 찾아낸 암호와 숨겨진 암호를 비교하기 위해 ◯=◯ 블록에 암호▼ 값 , 숨겨진 암호▼ 값 을 넣어줍니다. ⑦ 위에서 만든 블록을 빈칸 ⑥ 에 넣어줍니다. 완성된 코드로 숨겨진 암호를 찾아보세요.

4 실행하기

완성한 코드로 엔트리에서 실행되는 모습은 다음과 같습니다. 대답에 다양한 숫자를 입력하여 숨겨진 암호를 찾아보세요.

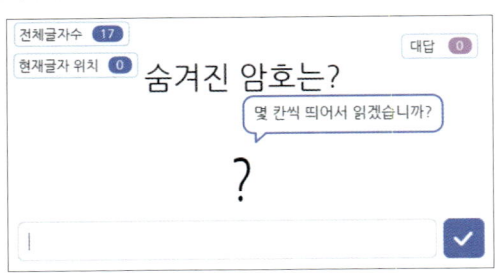

〈프로그램 실행 장면-대답 입력창〉

입력한 숫자	프로그램 실행결과		
		변숫값	
	반복횟수	현재글자 위치	암호
4	1회	4	시
	2회	8	시+워
	3회	12	시+워+가
	4회	16	시+워+가+미
	(반복종료)	–	–
	최종암호		시워가미
		변숫값	
	반복횟수	현재글자 위치	암호
5	1회	5	나
	2회	10	나+타
	3회	15	나+타+라
	(반복종료)	–	–
	⋮	–	–
	최종암호		나타라
		변숫값	
	반복횟수	현재글자 위치	암호
6	1회	6	지
	2회	12	지+가
	(반복종료)	–	–
	⋮	–	–
	최종암호		지가

이럴 땐 이렇게!

Q 현재글자 위치에서 대답에 입력한 숫자만큼 자릿수를 바꾸고 싶어요!

A 아래 블록의 노란 칸에 대답 블록을 넣으면 가능합니다.

현재글자 위치▼ 에 ◯ 만큼 더하기 ?

Q 힌트 문장 길이를 넘어가면 반복이 멈추게 하고 싶어요!

A 흐름 메뉴의 반복 중단하기 블록을 빈칸 ③ 에 넣으면 됩니다.

Q 찾아낸 암호와 숨겨진 암호가 같은지 알아내고 싶어요!

A 암호▼ 값 = 숨겨진 암호▼ 값

블록을 ? 대신 빈칸 ⑥ 이 들어가면 됩니다.

코딩워크북

도전미션_03

신소재 스캐너 프로그램 만들기

신소재관에 전시된 암석의 종류를 판단할 수 있는 스캐너를 만들려고 합니다.
신소재 스캐너를 만들어 암석의 종류를 찾아봅시다.

① 미션 이해하기

스캐너 장면에서 신소재 스캐너를 만듭니다. 신소재 스캐너를 만들어 중간에 있는 운석을 클릭하면 종류를 판단해줍니다.

스캐너 장면

신소재의 종류를 판별할 수 있는 스캐너를 코딩합니다.

② 코딩 계획 세우기

신소재 스캐너의 알고리즘을 확인해 보세요.

① 〈장면1〉 암호해독 프로그램 알고리즘

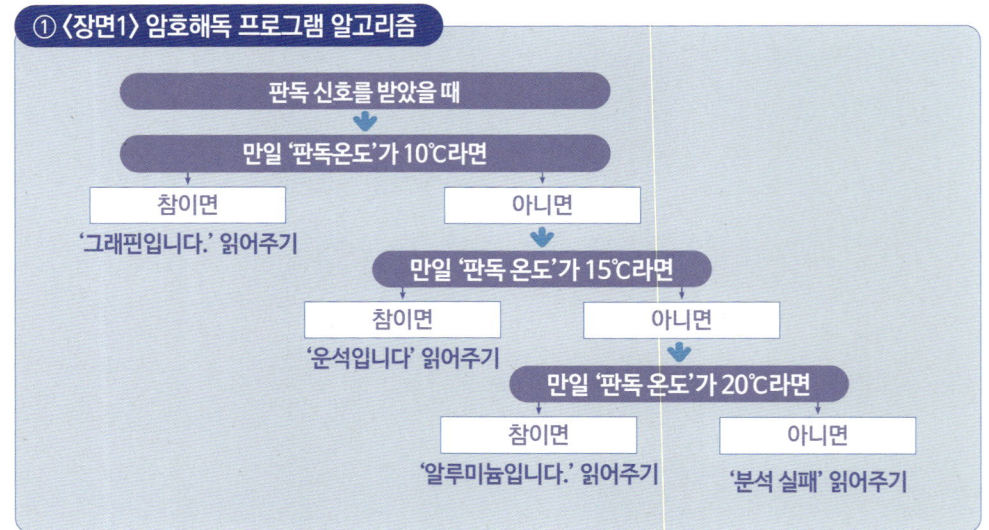

3 코딩하기

① 예제 파일 확인하기

 방법 01
스터디 공유하기에서 '신소재 스캐너'로 검색하세요.

 방법 02
익스플로러 또는 크롬의 주소창에 아래 주소를 입력하세요.

http://m.site.naver.com/0K15H

 방법 03
스마트 기기에서 QR코드로 접속하세요.

② 코딩하기

변수 및 신호 만들기

속성 탭에서 신호와 변수가 제대로 만들어져 있는지 확인합니다.
(신호 – 판독신호, 변수 – 판독온도, 가열시간, 물질A 온도)

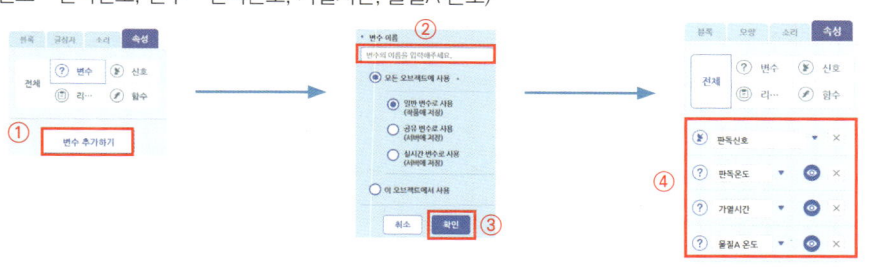

읽어주기 블록 가져오기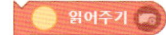

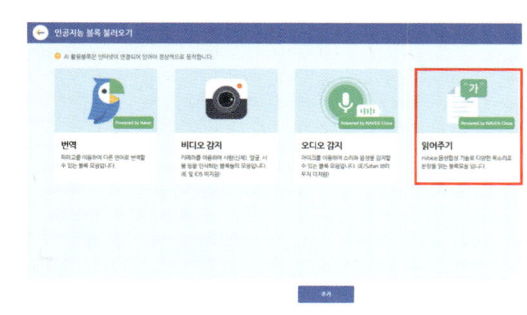

블록꾸러미에서 [인공지능]을 선택하여 [인공지능 블록 불러오기]를 선택합니다. 그리고 [읽어주기] 블록을 추가합니다. 읽어주기 블록은 입력한 문장을 실제 목소리로 읽어주는 기능이 있습니다. 블록의 종류에는 '읽어주기', '읽어주고 기다리기', '목소리와 속도 설정하기'가 있습니다.

③ 코드 만들기

각 물질들을 5초 동안 가열한 후 온도 변화는 아래와 같습니다.

	종류	5초 가열 후 온도 변화(℃)
1	그래핀	10℃
2	운석	15℃
3	알루미늄	20℃

온도 변화 표를 참고하여 신소재를 판별할 수 있는 스캐너 프로그램을 만들어보세요.

오브젝트	작성코드

물질마다 열전도율이 다른 원리를 적용하여 신소재의 종류를 판별할 수 있는 스캐너 프로그램을 만들어야 합니다. 기본으로 제시하는 코드는 다음과 같습니다. 빈칸을 채워서 코드를 완성해보세요.

스캐너

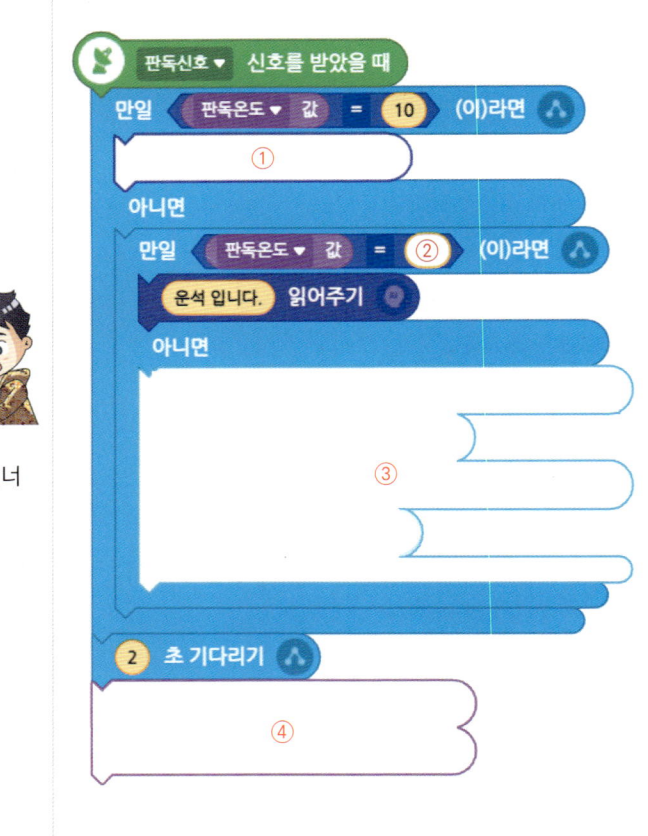

오브젝트	작성코드
스캐너	만드는 순서는 다음과 같습니다. ① 만일 판독온도가 10℃라면 물질의 종류는 그래핀입니다. 그러므로 인공지능 블록 꾸러미에서 '그래핀입니다.'를 읽어줄 수 있는 블록을 만들어서 빈칸 ① 에 넣어줍니다. ② 빈칸 ② 조건에서는 '운석입니다.'를 읽어줄 수 있도록 위에 있는 온도변화 표를 참고하여 온도를 입력합니다. ③ 빈칸 ③ 에는 알루미늄을 판별하기 위해 아래 코드를 입력해야 합니다. 만일 〈판독온도▼ 값 = 20〉 (이)라면 　알루미늄 입니다. 읽어주기 아니면 　분석 실패 읽어주기 ④ 아래 블록을 활용하여 스캐너를 초기화시킬 수 있습니다. 가열시간▼ 를 ◯ (으)로 정하기 판독온도▼ 를 ◯ (으)로 정하기 위 블록의 ◯ 칸에 알맞은 숫자를 넣어 빈칸 ④ 에 넣어봅시다.

④ 실행하기

완성한 코드로 엔트리에서 실행되는 모습은 다음과 같습니다. 운석을 클릭하여 물질의 종류를 판단해봅시다.

〈프로그램 실행 장면-대답 입력창〉

클릭한 물질	프로그램 실행결과	
	온도 변화(℃)	판독 물질
	25℃	분석 실패

이럴 땐 이렇게!

Q 빈칸 ① 에 넣어야 할 블록이 뭔지 모르겠어요!

A `그래핀 입니다. 읽어주기` 블록을 넣어주면 됩니다.

Q 빈칸 ① 에 `그래핀 입니다. 읽어주고 기다리기` 블록을 넣으니 프로그램이 작동하지 않아요!

A `그래핀 입니다. 읽어주고 기다리기` 는 `그래핀 입니다. 읽어주기` 와 달리 '그래핀입니다.' 문장을 읽어주고 기다리기 때문에 다음 코드를 실행하지 않습니다.

Q 빈칸 ② 에는 몇 도를 입력해야 하나요?

A

	종류	5초 가열 후 온도 변화(℃)
1	그래핀	10℃
2	운석	15℃
3	알루미늄	20℃

운석의 온도변화는 15℃이기 때문에 빈칸 ② 에는 15℃를 입력해야 합니다.

Q 스캐너를 초기화시켜서 다시 사용하고 싶어요!

A 가열시간과 판독온도를 0으로 만들면 다시 사용할 수 있습니다. 아래 블록을 빈칸 ④ 에 넣어주세요.

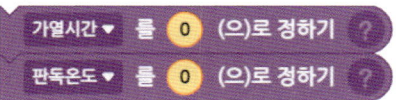

145

> **Maker space**
>
> ## 세그웨이 컨트롤러 만들기
> 마이크로비트를 활용하여 세그웨이 컨트롤러를 만들어봅시다. x축, y축 가속도 센서를 활용하여 천장에서 떨어지는 낙하물을 피해야 합니다.

1 미션 이해하기

마이크로비트의 가속도 센서를 활용하여 세그웨이를 움직이도록 코딩하고 낙하물을 피할 수 있도록 A 버튼을 눌렀을 때 보호막이 작동하도록 코딩하세요.

낙하물을 피해 세그웨이를 타고 건물을 탈출해봅시다.

2 코딩 계획 세우기

세그웨이 작동을 위한 알고리즘을 확인하세요.

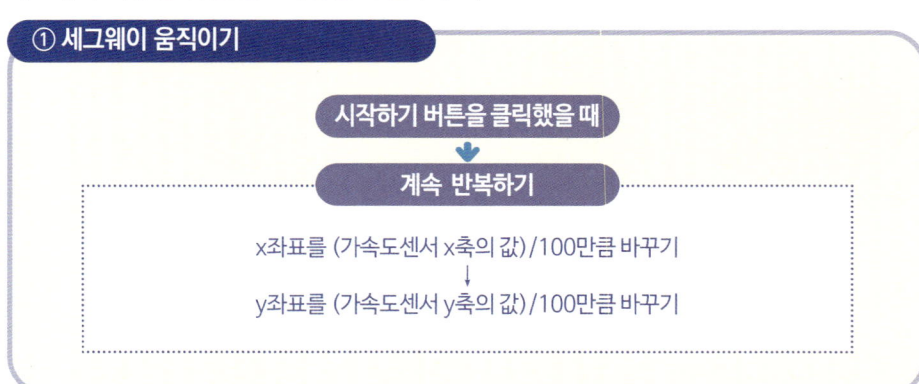

① 세그웨이 움직이기

시작하기 버튼을 클릭했을 때
↓
계속 반복하기

x좌표를 (가속도센서 x축의 값)/100만큼 바꾸기
↓
y좌표를 (가속도센서 y축의 값)/100만큼 바꾸기

② 보호막 작동시키기

> 시작하기 버튼을 클릭했을 때
> ⬇
> 계속 반복하기
>
> 만일 A 버튼을 눌렀는가? 라면
> ▶보호막 작동 모양으로 바꾸기
> 아니면
> ▶세그웨이 모양으로 바꾸기

③ 코딩하기

① 예제 파일 확인하기

 방법 01
스터디 공유하기에서 '세그웨이 컨트롤러 만들기'로 검색하세요.

 방법 02
익스플로러 또는 크롬의 주소창에 아래 주소를 입력하세요.

http://m.site.naver.com/OK15P

 방법 03
스마트 기기에서 QR코드로 접속하세요.

② 코딩하기

마이크로비트 연결하기

엔트리 코딩 탐정단 1 : 화재 편 125~126쪽을 확인하기
또는 스마트 기기에서 아래 QR코드로 접속하세요.

이 미션을 실습하기 위해서는 마이크로비트 단품이 필요합니다.
디바이스 마트(https://www.devicemart.co.kr) 사이트나
네이버 쇼핑에서 마이크로비트를 검색하여 단품만 구매하면 됩니다.
하지만 마이크로비트 없이도 코딩할 수 있도록
150쪽에 해결방법을 소개하였습니다.

③ 코드 만들기

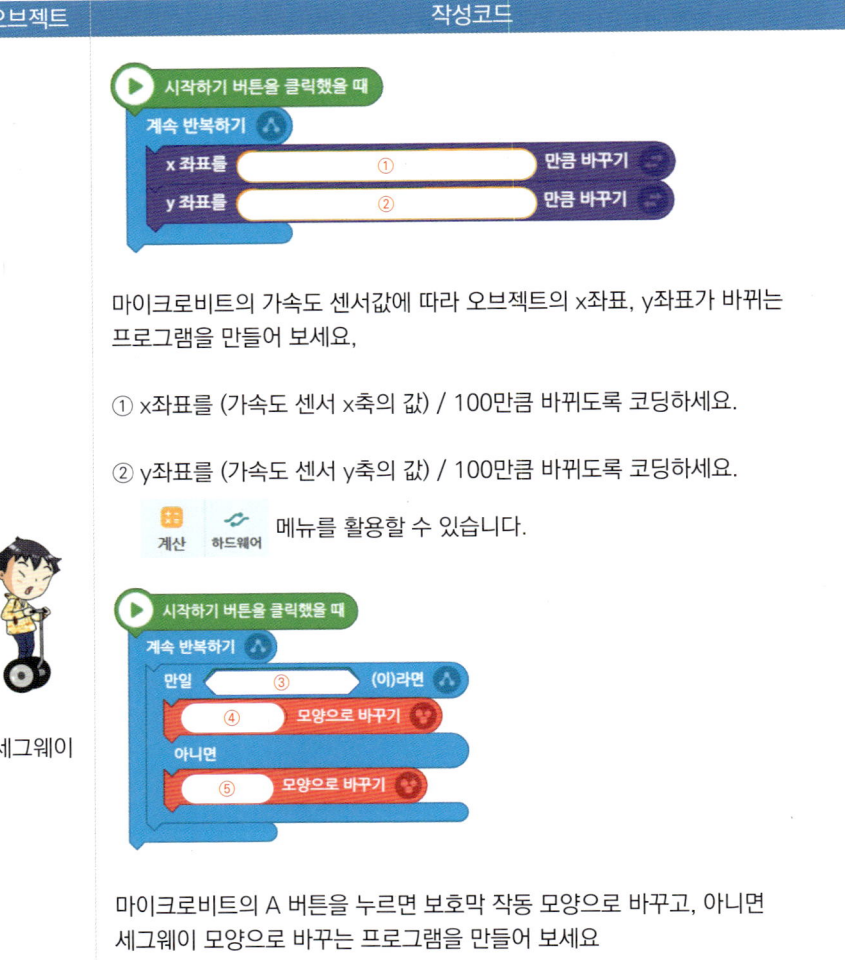

마이크로비트의 가속도 센서값에 따라 오브젝트의 x좌표, y좌표가 바뀌는 프로그램을 만들어 보세요.

① x좌표를 (가속도 센서 x축의 값) / 100만큼 바뀌도록 코딩하세요.

② y좌표를 (가속도 센서 y축의 값) / 100만큼 바뀌도록 코딩하세요.

 메뉴를 활용할 수 있습니다.

마이크로비트의 A 버튼을 누르면 보호막 작동 모양으로 바꾸고, 아니면 세그웨이 모양으로 바꾸는 프로그램을 만들어 보세요

③ 마이크로비트의 A 버튼을 눌렀는가?를 판단하는 블록을 활용합니다.
④ A 버튼을 누른 상황에서는 보호막 작동 모양으로 바꾸는 코드를 만듭니다.
⑤ A 버튼을 누르지 않은 상황에서는 세그웨이 모양으로 바꾸는 코드를 만듭니다.

메뉴를 활용할 수 있습니다.

4 실행하기

완성한 코드로 엔트리에서 실행되는 장면은 다음과 같습니다.

입력한 숫자	프로그램 실행결과
가속도 센서 x, y축의 값이 변하면	
A 버튼을 누르면	

이럴 땐 이렇게!

Q 세그웨이가 움직이지 않아요.
A ① 마이크로비트가 올바르게 연결되었는지 확인합니다.
② 하드웨어 연결프로그램을 다시 실행합니다.
③ 그래도 작동되지 않을 경우 마이크로비트 드라이버와 펌웨어를 재설치 합니다(1권 화재편 125쪽 참고).

Q 세그웨이가 움직이다가 멈춰요.
A 엔트리와 마이크로비트의 연결이 완벽한지 확인합니다. 하드웨어 연결프로그램을 껐다가 다시 실행해주세요.

Q 출입문까지 가기가 너무 어렵거나 너무 쉬워요.
A 너무 어려운 경우 : 세그웨이 보호막을 3번 이상 적극적으로 활용해보세요.

너무 쉬운 경우 : ① 보호막 사용하지 않기, ② 세그웨이 속도를 빠르게 혹은 느리게 바꾸기, ③ 오브젝트 크기 키우기

Q 마이크로비트가 없어요.
A 가속도 센서 대신 화살표 키를 이용하는 방법이 있습니다.
세그웨이 오브젝트를 클릭한 뒤 아래 코드를 만들어보세요.